O novo sinal

O NOVO SINAL

POR

J. VAN RIJCKENBORGH

E

CATHAROSE DE PETRI

3.ª EDIÇÃO

LECTORIUM ROSICRUCIANUM

2014

Título original:
Het nieuwe teken

3.ª edição
Tradução da terceira edição holandesa de 1979

2014
impresso no brasil

Lectorium Rosicrucianum
Escola Internacional da Rosacruz Áurea

Sede Internacional
Bakenessergracht 11-15, Haarlem, Holanda
www.rozenkruis.nl

Sede no Brasil
Rua Sebastião Carneiro, 215, São Paulo, SP
www.rosacruzaurea.org.br

Sede em Portugal
Travessa das Pedras Negras, 1, 1.º, Lisboa, Portugal
www.rosacruzlectorium.org

Dados Internacionais de Catalogação na Publicação (CIP)
(Câmara Brasileira do Livro, SP, Brasil)

Rijckenborgh, J. van, 1896–1968.
O novo sinal / por J. van Rijckenborgh e Catharose de Petri ;
[tradução : equipe de tradutores do Lectorium Rosicrucianum]. — 3. ed. – Jarinu, SP : Lectorium Rosicrucianum, 2014.

Título original: *Het nieuwe teken*
ISBN: 978-85-62923-20-3

1. Rosacrucianismo I. Petri, Catharose de. II. Título.
13-12734 CDD-135.43

Índices para catálogo sistemático:

1. Fraternidade da Rosa-Cruz : Tradições esotéricas 135.43
2. Rosacrucianismo : Conferências : Tradições esotéricas 135.43

Caixa Postal 39 — 13.240-000 — Jarinu — SP — Brasil
Tel. (11) 4016.1817 — FAX (11) 4016.3405
www.pentagrama.org.br
livros@pentagrama.org.br

Sumário

PREFÁCIO

Em vista do crescente interesse despertado em toda parte pela Escola*[1] Espiritual da Rosacruz Áurea, a Pentagrama Publicações vem, através do presente volume, o n.º 6 da Biblioteca Pedra Angular, dar prosseguimento a seu trabalho.

Esta obra contém uma série de alocuções de J. van Rijckenborgh, iniciada em 1949. Em sua primeira parte, temos uma análise ímpar do prólogo de *As núpcias alquímicas de Christian* Rosenkreuz*. Na segunda parte, é descrito determinado aspecto das presentes mudanças atmosféricas.

OS EDITORES

[1]Palavras seguidas por um asterisco aparecem no Glossário, que se inicia na pág. 147.

I

Sob o novo sinal

Rápido se aproxima o momento em que parte do mundo reconhecerá e compreenderá a verdade sobre a Rosa-Cruz. Breve essa verdade se elevará das malhas da mentira, da calúnia e da mistificação que os séculos teceram em torno do símbolo dessa sagrada e elevada Ordem. Breve se erguerá um monumento de incomparável e imaculada beleza: o cristianismo universal dos rosa-cruzes, cristianismo esse compreendido somente por poucos no decorrer da lenta marcha dos tempos. Aproxima-se o dia em que muitos, como Saulo, cheios de ameaça, perseguição e morte à Cruz com Rosas, aceitarão, como Paulo, humildes e comovidos, a luz e o amor dessa cruz, e despertarão dessa cegueira com novos olhos novos.

Trata-se de uma ordem que, apesar de ter sido combatida em todos os tempos a ferro e fogo, jamais foi vencida. Ela continuará a cumprir sua missão até a vitória definitiva, que será festejada por todos os seus seguidores com luz e amor, no Templo Branco da única, santa e universal Fraternidade dos Hierofantes* Divinos, também conhecida como Fraternidade* Universal.

Essa Fraternidade empreende seu trabalho periodicamente como a toques de trombeta, cuja vibração se propaga em amplos círculos sobre toda a terra, tocando os focos da Ordem, os quais, em contrapartida, respondem com novo e puro som, que atua de modo invencível até os recônditos mais sombrios de nosso planeta.

A Escola Espiritual moderna encontra-se atualmente sob o signo de um novo período de trabalho. A imortal Rosa-Cruz demonstrará sua força, com inabalável firmeza, e a base, o resumo dessa atividade, encontra-se, entre outros, no mais clássico e mais importante testamento da Ordem no que se refere a seu aparecimento no hemisfério ocidental: *As núpcias alquímicas de Christian Rosenkreuz anno 1459*.

Chegou a hora de desvendar parte desse testamento e, com isso, revelar a eterna verdade contida em seus capítulos.

A maior parte da humanidade que, por tanto tempo permaneceu cega e surda, está sendo conduzida agora com rapidez vertiginosa para o fundo do poço desta natureza. Consequentemente, pode-se esperar que muitos dos que outrora se achavam curvados sob o jugo de mistificações e falsas diretrizes, extraviados pelos espíritos do abismo, venham enfim a descobrir a verdade em toda a sua esplêndida e imaculada forma.

Estes capítulos são dedicados aos que desejam consagrar mãos, mente e coração à Sagrada Rosa-Cruz. Com uma prece no coração, convidamos todos eles a ingressar conosco no templo iniciático da Fraternidade, à sombra das asas do Espírito* Santo, a fim de podermos, um dia, encontrar o caminho para as núpcias abençoadas com nosso Senhor e salvador.

Em 1616, foi publicado pela primeira vez no Ocidente o testamento da Fraternidade. Desde então, passaram-se exatamente 333 anos. Quem possui algum conhecimento de numerologia perceberá que a chave mágica do ano de 1949[2] é a mesma do ano de 1616. Não se trata de mera coincidência, porém é sinal claro de que chegou o tempo para uma apreciação mais profunda sobre

[2] Data em que o texto foi escrito (N.E.).

As núpcias alquímicas de Christian Rosenkreuz e de que novo toque de trombeta ressoa sobre a terra.

Um exemplar da primeira edição de 1616 foi estudado por um dos nossos no Museu Britânico, em Londres. Nele consta como autor da obra Johann Valentin Andreæ,* conhecido pastor daquela época, que teria escrito esse texto aos 16 anos de idade. Naturalmente, isso não quer dizer que Andreæ tenha inventado a história contada nesse livro, pois o conteúdo de *As núpcias alquímicas* é universal e encerra um conhecimento tão antigo quanto a própria humanidade.

Ainda que Andreæ nunca tenha negado a autoria do livro nem a tenra idade em que o escreveu, era notório o fato de ele tratar tudo isso com deboche sutil. Isso fez crescer nos círculos intelectuais burgueses a certeza de que, com *As núpcias alquímicas*, ele estaria apenas tentando dar vazão a seu talento humorístico. Algo como uma pegadinha de estudante...

Assim, grande polêmica foi desencadeada através dos séculos, havendo de um lado os que malévola e rancorosamente difamavam Andreæ e, de outro, seus ingênuos e pouco entendidos partidários.

Tratar-se-ia de pilhéria ou verdade? Dever-se-ia considerar essa obra um contrassenso fantástico de um jovem travesso, ou uma real experiência de um Cristão Rosa-Cruz?

Andreæ nunca respondeu às perguntas que lhe fizeram. Assim, tanto seus perseguidores como seus partidários foram obrigados a desistir, muito embora a frase de abertura de *As núpcias alquímicas* possa, sem dúvida alguma, auxiliar qualquer pessoa a sair de sua dúvida. Ela afirma: "Não atireis, portanto, pérolas aos porcos nem deiteis rosas aos burros". Essa frase não poderia ser mais explícita!

Quem não reconhece o conteúdo de *As núpcias alquímicas* como elevada chave da senda ainda não necessita conhecê-lo, pois seu conteúdo destina-se apenas aos que podem compreendê-lo.

Nenhum verdadeiro aluno da Escola da Rosacruz falará sobre sua Ordem se não houver real interesse e base para compreensão.

Andreæ não foi o autor de *As núpcias alquímicas.* Muito antes de seu tempo, esse trabalho já existia em antigos manuscritos que remontam ao mais longínquo passado da história da humanidade dialética.* As núpcias alquímicas de um simbólico Cristão Rosa-Cruz sempre acompanharam a humanidade como a parte mais elevada da Doutrina* Universal, dada por Deus a Adão em sua queda, conforme nos relata a *Fama Fraternitatis.*

Andreæ nada mais fez do que publicar, à sua maneira, essa verdade eterna no "dia que lhe foi designado". Essa data baseia-se no desenvolvimento do trabalho da Fraternidade Universal, e é segundo essa publicação que nos orientamos para agora trazer essa verdade à Escola Espiritual moderna.

A indicação da data de *As núpcias alquímicas ano 1459,* bem como a idade de Andreæ como autor, 16 anos, devem ser vistas no sentido oculto dos mistérios cabalísticos. O ano de 1459, em sua síntese, revela-nos a luz da mão de Deus, que, em Cristo, de novo se aproxima da humanidade, a qual se encontra na mais profunda miséria. A idade de 16 anos significa *ser encontrado santificado* para difundir essa luz à humanidade.

As núpcias alquímicas indica-nos a senda cristã-hierofântica para a unificação com a vida original através da transfiguração.* Durante sete dias, Cristão Rosa-Cruz, o protótipo do homem arrebatado em Cristo pelo Espírito Santo, passa por diversas cerimônias, provas e experiências, para finalmente alcançar a grande luz. A obra é rica qual mina de ouro. Desçamos agora ao fundo dessa mina, a fim de que, mediante os tesouros dali desenterrados, aprendamos a compreender a *arte* real da construção.*

Antes de tudo, é necessário compreender perfeitamente o significado do nome Cristão Rosa-Cruz, para que se possa chegar a uma conclusão correta sobre o conceito "núpcias alquímicas", sem perigo de equívocos.

No decorrer da história do mundo, muitas foram as suposições com relação a esse nome. A opinião mais corrente é que certo homem usava Cristão Rosa-Cruz como nome de família. Além disso, pensou-se que ele se originaria de um símbolo com profundo significado. Dizia-se que provinha de duas palavras latinas: *ros,* que significa orvalho, e *crux,* ou seja, cruz, onde se podia igualmente ler a palavra *luz.* Na alquimia antiga, o orvalho era tido como o mais poderoso solvente do ouro, portanto, um rosa-cruz seria alguém que, com o auxílio do orvalho, buscava a luz.

Sem dúvida, houve pessoas que diligentemente recolhiam o orvalho matinal, para com ele fazer experiências. Todavia, compreendereis que se trata do "orvalho celeste". A linguagem sagrada usa essa expressão para indicar a luz prânica original.

Muitos, também, relacionavam diretamente o símbolo da Fraternidade com a rosa comum e a cruz conhecida, ou então com o sangue de Cristo derramado na cruz. Assim, fica claro até que ponto os leigos das mais variadas orientações aventuraram-se em toda sorte de especulações, sem conseguir penetrar-lhe a essência.

Entretanto, devemos acrescentar que a nenhum pesquisador é facultado penetrar até a essência mesma da Rosa-Cruz: primeiro, porque a Fraternidade reveste-se exteriormente com o manto do silêncio; segundo, porque tanto a rosa como a cruz são símbolos universais tão antigos que podem ser usados praticamente para tudo, conforme tem acontecido através dos tempos.

Havia, por exemplo, no paraíso dos brâmanes, um jardim celeste, igual ao que conhecemos das várias lendas religiosas, e nele uma rosa de prata em cujo centro Deus tinha sua morada. Algo parecido, portanto, com a árvore da vida do paraíso de Adão e Eva. Relata-se que Buda foi crucificado por ter furtado uma flor desse jardim. Em um dos evangelhos gnósticos, conta-se também que Jesus foi crucificado no supremo céu. Podemos compreender isso se lembrarmos que Jesus era originário de Nazaré, cidade situada na encosta do monte Carmelo. Nazaré significa "flor", e o monte Carmelo, "o jardim ou a vinha de Deus". Assim, Jesus é o ser que, como uma flor, mora na vinha do Senhor.

Existe um poema da época medieval que fala de um jardim onde se encontrava uma rosa. Os muros do jardim eram ornados de ricas esculturas, cujas figuras simbólicas representavam: ódio, traição, baixeza, cobiça, inveja, tristeza, velhice, hipocrisia e pobreza; em suma, todas as misérias e todos os pecados do ser humano dialético.

Quem quiser possuir a rosa, assim dizia o poema, terá de irromper através de toda essa miséria e pecados. Quem conseguir isso entrará na posse da rosa como a mais bela recompensa de amor.

Horas seguidas poderíamos entreter-nos com lendas e contos sobre a rosa e a cruz. Todavia, tencionamos dirigir a atenção para a rosa e a cruz do *Paraíso* de Dante, em sua *Divina Comédia.*

No *Paraíso,* vemos a Rosa-Cruz tal como a Escola Espiritual moderna quer mostrar-nos. Dante fala dessa poderosa Rosa-Cruz como magnificente mar de luz:

E, se o ínfimo degrau em si recolhe
tão grande lume, qual é a largueza
desta rosa nas extremas folhas!
A vista minha em amplidão e alteza
não se perdia, mas tudo percebia
o quanto e o qual daquela alegria.

Perto e longe, ali, nem põe nem leva:
porque, onde Deus sem mediação governa,
a lei natural nada releva.
No amarelo da rosa sempiterna
que se matiza e dilata, redolente,
[...] *me levava Beatriz* [...][3]

---

[3] Alighieri, D. *A Divina Comédia.* Paraíso. Canto XXX: 115–125, 128.

Precisamos compreender que, fundamental e estruturalmente, a rosa e a cruz formam uma unidade. Com a rosa, a Fraternidade quer indicar a aura, ou seja, o campo de respiração do ser humano. Nessa rosa, e inseparavelmente ligada a ela, encontra-se a personalidade, a cruz.

A aura é uma parte orgânica essencial de qualquer ser humano, anatomicamente tão complexa quanto qualquer outro órgão.

A rosa que floresce na cruz do homem dialético, e em torno dela, tem a tarefa orgânica de tornar estável o resultado do querer, pensar, sentir e desejar humanos, e atrair forças e substâncias em concordância com o estado humano geral, bem como repelir tudo o que não estiver em equilíbrio com ela. A aura é o órgão cármico por excelência, principalmente por não perecer entre duas vidas, guardando assim a essência da existência humana ao longo de tempos eônicos.

A aura é o jardim das flores da lenda, descuidado por seu senhor e cheio de ervas daninhas. Seus muros irradiam, tanto para dentro como para fora, forças de ódio, traição, baixeza, cobiça, inveja, tristeza, velhice, hipocrisia, pobreza, enfim, todas as misérias e pecados do ser humano dialético. Através dos séculos, muitos quiseram limpar esse jardim descuidado e arrancar-lhe as ervas daninhas, a fim de transformá-lo em um roseiral, onde a rosa branca floresceria sob o orvalho celeste.

Andou-se, para isso, por muitos caminhos ocultista-naturais e religioso-naturais. Pôde-se realizar, de fato, muitas modificações tanto na rosa quanto na cruz. Desenvolveram-se muitas formas de cultura, porém não se logrou assim fazer o ouro dessas rosas da cultura desabrochar no odor da vida liberta perfeita.

Agora, está presente a Fraternidade Universal, que, não obstante as incompreensões, segue seu caminho. Ela conhece um caminho, um método, uma arte real, com o auxílio da qual esse antiquíssimo roseiral orgânico, o jardim dos deuses, o paraíso dos clássicos, pode ser restaurado em seu esplendor primordial.

A Fraternidade almeja revelar esse caminho a todos, desde que o eventual candidato esteja pronto para seguir, nos mínimos detalhes, as pegadas de Jesus, o Senhor, que possuía o Cristo.

Os candidatos terão de abandonar toda cultura especulativa, para poder trilhar a senda única.

Essa senda única tem dois aspectos fundamentais: primeiro, é cristã universal e, por essa razão, o rosa-cruz que trilha a senda será chamado pelo único nome de Cristão Rosa-Cruz; segundo, essa senda relaciona-se com a total transfiguração da rosa-cruz dialética. Assim sendo, fala-se de uma transformação alquímica. Por isso, esse caminho universal único pode ser designado como "as núpcias alquímicas de Cristão Rosa-Cruz".

Por isso, tomemos conhecimento dessa senda da salvação, para que a rosa de beleza imarcescível possa, um dia, irradiar de nossa cruz.

2

A noite da véspera de Páscoa

Uma noite, véspera do dia de Páscoa, estava sentado à mesa e, segundo meu costume, havia conversado com o Criador em humilde oração e meditado sobre grandiosos segredos — pelos quais o Pai das Luzes mostrara-me, em profusão, sua majestade.

Desejava, pois, preparar no coração, juntamente com meu bem-amado cordeiro pascal, um bolo ázimo imaculado, quando repentinamente se desencadeou vento tão terrível que nada pude pensar senão que se desmoronara, por força da violência, a montanha em que estava escavada minha casinha. Contudo, tal tentativa do Diabo, que me havia causado muitas penas, não me surpreendeu. Cobrei ânimo e prossegui minha meditação até alguém tocar-me as costas, coisa a que não estava acostumado, assustando-me de tal modo que me não ousei volver...

Assim começa o livro *As núpcias alquímicas de Christian Rosenkreuz,* e é impossível imaginar um início diferente. É na noite da véspera de Páscoa que o aluno deve começar sua jornada na escola hierofântica cristã. Qualquer outra ocasião deve ser-lhe seriamente desaconselhada. Sem dúvida, ele perderia o rumo; uma série de infortúnios lhe aconteceria, e a energia desperdiçada certamente o faria sucumbir na senda.

"Uma noite, véspera do dia de Páscoa!" Qual o significado disso?

Conheceis o significado burguês da festa de Páscoa. Para alguns, ela exprime a ressurreição da natureza no giro das estações, para outros, representa a comemoração anual em memória de um ressuscitado de nome Jesus, o Senhor.

Contudo, existem também os que, livres de tempo, data, natureza ou história, vão ao encontro da festa de Páscoa no momento atual de uma conscientização nova, superior e eterna. É uma ressurreição na realidade de outro mundo, o qual a linguagem sagrada denomina "reino de Deus".

Para poder realizar essa ressurreição é necessária, naturalmente, uma preparação, um processo extremamente radical. Não se pode dizer: "Vamos, examinemos um pouco esse reino divino para orientar-nos". O reino de Deus não pode ser examinado, mas tão-somente vivenciado e experimentado.

No turismo metafísico comum, podemos estudar intelectual ou misticamente todas as esferas de vida, tanto as do aquém como as do além do véu desta natureza, e, com base nesse estudo, decidir-nos para a ação. Todavia, para ingressar no reino de Deus temos de ser *desse* outro reino.

Compreendereis quanto essa condição modifica nosso ponto de vista e nossas diretrizes de vida habituais.

O ser humano dialético possui determinada paixão pela vida, certa força motriz, certa consciência,* com o auxílio da qual ele escolhe seu alvo e dele se aproxima intelectual ou misticamente. No presente caso, porém, a consciência e a força motriz, o mais poderoso intelecto, bem como a mais elevada comoção mística são totalmente ineficientes.

Inúmeros são os que, após os maiores esforços para libertar-se dessa incapacidade, experimentaram a verdade absoluta das palavras da Linguagem Sagrada: "Carne e sangue não podem herdar o reino de Deus".

Depois dessas amargas experiências, muitos chegaram à conclusão de que o reino de Deus, não podendo ser alcançado pelos mais cultivados meios dialéticos, não existe. Reação tipicamente materialista de um malogrado turismo metafísico.

Por conseguinte, podemos agora entender o quanto precisamos libertar-nos da superficialidade se quisermos compreender algo de *As núpcias alquímicas de Christian Rosenkreuz*.

A senda da santificação nos mistérios cristãos é uma senda perfeitamente evangélica, o que significa: antes que o aluno alcance a "noite da véspera de Páscoa", muitas coisas devem acontecer. Antes que o novo sol se eleve no firmamento,* o velho sol terá de submergir nas águas do mar da vida dialética.

Por isso, se *As núpcias alquímicas* começa de modo tão lacônico: "Uma noite, véspera de Páscoa, estava sentado à mesa...", é porque devemos considerar que um árduo trabalho precedeu essa noite, a saber, o trabalho ininterrupto de autodemolição, de despir-se do velho eu, de extinguir a luz dialética.

A Escola da Rosacruz manifesta-se a seus alunos de diferentes modos e em diversas espirais. Descreveremos algo a respeito de alguns desses aspectos, e vós mesmos devereis examinar com grande sinceridade qual deles conheceis interiormente, e, por conseguinte, em que espiral da vivência rosa-cruz vos encontrais.

No momento em que logrardes o conhecimento de vosso estado de ser, sem parcialidade — pois isso seria extremamente lamentável —, então estareis sobre uma base segura. Sabereis então o que ficou para trás e o que se desenvolverá à vossa frente, acenando-vos e chamando-vos para a luz inabalável.

A Fraternidade da Rosa-Cruz começa seu trabalho onde cessa este mundo. Eis o incontestável axioma da Rosa-Cruz cristã. Enquanto ainda esperardes alguma coisa *desta* vida, enquanto puserdes todas as vossas esperanças e aspirações em pessoas ou coisas desta natureza, a Fraternidade da Rosa-Cruz nada terá a dizer-vos, sendo válida para vós a sentença de *As núpcias alquímicas:*

"Não atireis pérolas aos porcos nem deiteis rosas aos burros". Assim, se não fordes um porco do ponto de vista da Fraternidade, certamente sereis um burro.

Assim, enquanto ainda buscardes, com a parte central de vossa consciência e todo o vosso potencial de bondade, melhorar ou modificar este mundo para torná-lo mais tolerável, mediante qualquer espécie de atividades, organizações, instituições e associações, a Fraternidade da Rosa-Cruz não desperdiçará a mínima parcela de energia convosco.

Achais isso duro? Incompreensível? Absurdo? Se assim for, é mais uma prova de que ainda estais totalmente imaturos para um encontro com a Rosa-Cruz. E como fica toda essa série de representantes da humanidade, que lutaram por ela com o sacrifício de toda a sua vida, seus bens, suas energias e sua saúde? Ora, prestai atenção aos resultados!

Podeis comparar parte desses grandes personagens aos valiosos atendentes das creches, que cuidam para que as crianças, em sua ignorância, não quebrem a cabeça umas das outras. A outra parte é formada pelos mais variados tipos de especuladores dialéticos, heróicos talvez, mas resistentes, por ignorância, ao reino de Deus!

Enquanto ainda curvardes a cabeça com reverência diante desses especuladores, a Fraternidade da Rosa-Cruz modestamente se retirará para segundo plano. Ela não deita rosas aos burros.

Perguntamo-vos: Por que desejaríeis melhorar, mediante tentativas inúteis, um mundo e uma humanidade não compreendidos na natureza divina, quando na realidade já existem um reino divino e uma humanidade divina?

Por que quereríeis tornar habitável uma cabana em ruínas, com o empenho de toda a vossa energia, quando ao lado existe um palacete de portas amplamente abertas para receber-vos? Seria burrice! Burrice perdoável devido a vossa cegueira, pois não enxergais a casa do Pai com suas muitas moradas! Por isso há infinita paciência, cheia de amor, e uma espera de tempos eônicos, até que comeceis a dar sinais de que vos curareis de vossa estupidez. O sinal da cura não é a solução de mil e um problemas, mas sim, o fato de experimentardes, na parte central de vossa consciência, este mundo e a humanidade como um deserto; de reconhecerdes e experimentardes a absoluta inutilidade do bulício da roda da vida dialética; de, em desespero, ocultando o rosto nas mãos, exclamardes: "Ó Deus, como sou louco! Sigo girando no redemoinho dos mesmos hábitos. Os anos voam, e meu sangue calcifica-se. Arrasto-me em desespero, e meu último suspiro é o primeiro alento de um novo e inconsolável reinício!"

O sinal da cura é o desmascaramento da mentira de que a vida é bela; a descoberta de que todo o riso é semelhante a um soluço, é a descoberta interna do Pregador, que diz que o melhor nesta natureza nada mais é do que dificuldades e tristezas.

O sinal da cura é que vos encontreis após essa descoberta, repletos de dúvidas, em um turbilhão de interrogações, pois vos tornastes uma alma* lutadora. Somente então estareis angustiados, na verdadeira angústia existencial, batendo contra os muros desta vida amaldiçoada para poder compreender-lhe o sentido. Então já não sereis burros, isto é, já não sereis animais, homens-animais desta natureza. E assim, pela primeira vez, encontrareis a Fraternidade da Rosa-Cruz completamente una convosco, no deserto desta vida. Nesse primeiro contato, mediante uma rica variedade de palestras, imagens, advertências e orientações, a Fraternidade vos mostrará o porquê e a finalidade da maldição desta existência.

Ela pronunciará seu profético *Hora est,* porque uma alma lutadora não tem mais tempo a perder, pois atingiu a fase atuante.

A alma é despertada para a ação. *Hora est,* chegou a hora: endireitai as veredas para o Deus em vós. Quem compreende — como alma que se debate, aberta para a verdade e a realidade — esse toque da Fraternidade amadurecerá para a segunda espiral, ou o segundo toque da Fraternidade. O aluno empreenderá a jornada através do deserto, pondo, em efetiva vivência, os pés na senda da despedida. É o batismo de João no Jordão, o salto positivo da despedida. A partir desse momento, o segundo toque torna-se manifesto. A graça da iluminação desce sobre o aluno como um voo de pássaro. O aluno recebe luz na senda.

Guiado por essa luz, ele segue o caminho da mortificação do eu, o caminho da crucificação do eu segundo a natureza. Passo a passo, ele usa a terceira faculdade de seu pensamento, sua vontade, seu sentimento, seu desejo e sua consciência, ou seja, a faculdade de neutralização, a faculdade endurística.

O eu comum possui a faculdade de atrair, repelir e negar em impassibilidade. Por meio da atração e da repulsão, permanecemos acorrentados à roda* e mantemos seu giro. Pela negação em impassibilidade, libertamo-nos de tudo, desde que possuamos a luz na senda. Quando se aplica a negação em impassibilidade, sem haver experimentado o batismo da alma lutadora, produz-se uma libertação apenas temporária, desenvolvendo-se uma tensão que se descarregará finalmente sob muitas formas de paixão.

É na força de radiação da Fraternidade que o aluno se desprende inteligentemente das coisas deste mundo, descendo sobre ele grande repouso, grande silêncio. É o repouso e o silêncio da mortificação do eu. É a prova de que a via-crúcis da natureza se aproxima de seu fim e a comoção dialética da personalidade, a cruz, e da rosa, a aura, se aquieta no toque da Gnosis.*

É o repouso e o silêncio de que fala a Sagrada Escritura. Diz o Salmo: "Desejou-a para sua habitação, dizendo: Este é o lugar do meu repouso para sempre".[4] Ou ainda, como em Isaías: "Este é o repouso, [...] este é lugar tranquilo".[5] É o entrar no repouso de que fala a Epístola aos Hebreus,[6] o repouso que o próprio aluno

---

[4]Salmos 132:13–14.

[5]Isaías 28:12.

[6]Hebreus 4:11.

realizará. É o convívio secreto com Deus, o início do equilíbrio entre o aluno e a Gnosis. É o habitar no silêncio, o silêncio que vem após a tempestade, o silêncio absoluto que resulta da mortificação do eu. Os que conhecem esse silêncio levaram o eu da natureza à morte, realizaram a endura* e entraram no repouso secreto, aproximando-se de sua noite da véspera de Páscoa.

Quantos, dentre vós, por ainda não conhecerem o batismo da alma lutadora, fizeram da endura uma aventura perigosa, uma experiência insensata! Quantos provavelmente perderam o equilíbrio! O repouso e o refrigério do abrigo em Deus foram-lhes ofertados, mas não quiseram prestar ouvido.

Reparai no fato de que alguns atingiram a paz, mas há outros a quem foi anunciado o evangelho da libertação e, no entanto, não a encontraram "por causa de sua desobediência", como disse Paulo. Essa desobediência está inteiramente ligada ao âmbito da autoconservação. Todavia, os que, no sentido da Gnosis, encontraram o repouso e o silêncio mediante a mortificação do eu, estes ingressam no terceiro toque da Fraternidade. Eles ressuscitam em um novo processo, o processo da transfiguração: as núpcias alquímicas, que têm início na noite da véspera de Páscoa.

Ao primeiro toque da Fraternidade damos o nome de Escola da Rosa-Cruz. O segundo, denominamos Escola de Consciência Superior. O primeiro encontro com a Fraternidade realiza-se no deserto desta vida, quando nos encontramos no estado de alma lutadora, na angústia existencial. Celebramos o segundo encontro quando trilhamos a senda do silêncio, a senda da mortificação do eu, até a noite da véspera de Páscoa.

O terceiro toque da Fraternidade já não se pode indicar por nomes dialéticos. É o toque do convívio secreto; a ressurreição no novo templo, não construído por mãos. É a nova via-crúcis, a via-crúcis da transfiguração. É o tornar-se uma coluna resplandecente no templo de Deus. Chegou o tempo de alguns alunos poderem ser chamados a esse templo vivente!

A Fraternidade da Rosa-Cruz manifesta-se a seus alunos de diferentes modos e em diversas espirais. Descreveremos até certo ponto alguns desses aspectos, desde seu início até a noite da véspera de Páscoa.

Examinai vós mesmos, com toda a lealdade, em que ponto desse caminho vos encontrais neste momento. Sabereis então o que ficou para trás e o que se desdobra à vossa frente, acenando-vos, chamando-vos. Diante de vós, gloriosos, estão o repouso e o silêncio da nova vida!

Esperamos, e oramos para isso, que possais encontrar esse repouso.

O tempo chegou!

3

A tempestade do Espírito Santo

No capítulo precedente, falamo-vos a respeito dos três toques, dos três desenvolvimentos na Fraternidade Universal do reino imutável. Essas três atividades têm por meta indicar ao homem extraviado, que está recuperando a consciência, o caminho de volta à casa paterna e auxiliá-lo em seu percurso.

O primeiro toque realiza-se da maneira que já tomastes conhecimento na Escola da Rosacruz. Por essa razão, deixamos em aberto a questão se travastes conhecimento com esse primeiro toque externa ou interiormente. O primeiro e verdadeiro contato interior com a Fraternidade apenas se realiza quando o ser humano buscador se encontra na luta anímica de sua miséria existencial. É nesse instante que a Fraternidade se aproxima dele ou dela e lhe revela, por todos os meios possíveis, a verdade e a realidade do reino oculto.

Tão logo o aluno, com base em sua miséria existencial e sob o toque iluminador da Fraternidade, decide seguir a senda, ele é acolhido na segunda espiral de atividade da Fraternidade. Com a ajuda dos irmãos, o aluno segue então a senda do silêncio, a senda da mortificação do eu, até a noite da véspera de Páscoa, a noite que precede o processo da ressurreição. Esse desenvolvimento na vida da ressurreição, ou terceiro desenvolvimento na graça da

Fraternidade, é denominado "núpcias alquímicas" por Valentin Andreæ. Prossigamos agora essa narrativa.

Primeiro, precisamos colocar-vos outra vez diante do prólogo dessa festa da ressurreição, transcrevendo uma vez mais o antigo texto de 1616:

> *Uma noite, véspera do dia de Páscoa, estava sentado à mesa e, segundo meu costume, havia conversado com o Criador em humilde oração e meditado sobre grandiosos segredos — pelos quais o Pai das Luzes mostrara-me, em profusão, sua majestade.*
>
> *Desejava, pois, preparar no coração, juntamente com meu bem-amado cordeiro pascal, um bolo ázimo imaculado, quando repentinamente se desencadeou vento tão terrível que nada pude pensar senão que se desmoronara, por força da violência, a montanha em que estava escavada minha casinha.*

Quando lemos esse prólogo, somos fortemente surpreendidos com algumas particularidades:

1. como já sabemos, é a noite da véspera do dia de Páscoa;
2. Cristão Rosa-Cruz conhecia uma vida muito profunda e singular de oração;
3. ele conhecia os mistérios;
4. ele era iniciado na celebração da Santa Ceia;
5. ele experimentara a poderosa força da descida do Espírito Santo.

Já conheceis o significado da noite da véspera do dia de Páscoa. Assim sendo, é bom fixar a atenção sobre a vida de oração do aluno enobrecido para a terceira espiral da elevação espiritual.

Devemos estar inteiramente cônscios de que essa vida de oração é totalmente diversa da conhecida prática meditativa do homem religioso natural. Na vida de oração religiosa natural distinguimos:

1. a oração por hábito;
2. a oração por impulso interior usual;
3. a oração cultural mágica.

Na oração por hábito, expressa-se a rotina de um ser humano de educação religiosa. Essas orações balbuciadas automaticamente, de mãos postas e olhos fechados, originam-se simplesmente de certo hábito respeitoso já formado e fixado no sangue. São as ações meditativas sem sentido das massas.

Com base nisso, de vez em quando, desenvolve-se também a oração proveniente do impulso natural interior. A vida é pesada, e as dificuldades são muitas. Inúmeras vezes, confrontado com sua fraqueza diante das vicissitudes da vida, o "eu" é levado a reconhecer sua impotência.

Essa conscientização é acompanhada de medo e, como sabeis, o medo é um aquecimento do sangue, um retardamento circulatório do elixir vermelho da vida. O medo faz latejar o sangue na garganta; ao mesmo tempo, é como se ele estancasse nas veias. Nessas condições, gaguejamos a oração do medo. Como em um grito, ela vibra em nosso ser: "Ó Deus, ajuda-me!" E desaba sobre nós, em toda a sua amplitude, o passado da religiosidade natural. No medo, os indivíduos tornam-se piedosos, e suas faces exprimem devoção. Todavia, compreendeis que, se o medo está fervendo em plena ebulição na natureza do ser humano, este pede ajuda — e ele não pode agir de outra maneira — às forças naturais e aos deuses da natureza. Assim, a natureza permanece sempre *natureza,* e essa vida de orações nada mais é do que uma clara intensificação do egocentrismo.

A oração cultural mágica é mais complexa e posta em prática de maneira mais refinada. Sua finalidade é ligar o homem, como massa, ao deus deste mundo, atando-o totalmente aos hierofantes da esfera* refletora, que procuram conservar esta ordem mundial para sua própria manutenção.

É de vosso conhecimento de que forma uma legião de dignitários, denominados "espirituais" ou "servos de Cristo", após instrução de muitos anos na magia religiosa natural, reúnem as massas em igrejas ou salões, com o intuito de efetuar e manter a ligação dessas massas com o deus desta natureza. Muito já falamos a esse respeito e, portanto, nada mais temos a acrescentar. Trata-se apenas de destacar um fundo sombrio e sem esperança, em contraste com as atividades iluminadoras e libertadoras de Cristão Rosa-Cruz.

Precisamos ver claramente que toda forma de vida de oração religiosa natural dificulta ainda mais a marcha já bastante dura da vida dialética e faz dela um verdadeiro inferno. Para muitos alunos da Escola da Rosacruz, é grande graça poder experimentar interiormente, ao primeiro toque da Fraternidade, o desligamento do antigo hábito de orar da religião natural e o distanciamento da magia da igreja. O abandono do hábito de orar e a renúncia à oração por impulso da natureza é a consequência lógica e misericordiosa para um ser humano que dá os primeiros passos na senda. A partir desse momento, o deus desta natureza é obrigado a abrir mão de boa parte de seu antigo poder sobre ele.

Surge assim o gradativo despertar em outra luz, a luz da Fraternidade Universal, pois, tão logo o aluno remove os primeiros obstáculos da natureza, a luz da Fraternidade começa a irradiar para dentro dele. Mediante essa ligação o aluno ingressa em uma comunhão diária com o Eterno. Se quiserdes compreender alguma coisa do que dizemos, deveis perceber com clareza o motivo pelo qual o ser humano que descrevemos, no decurso de seu processo de transfiguração, chama-se Cristão Rosa-Cruz.

Ele assim se chama porque, conforme indica seu prenome, seu início encontra-se alicerçado em Jesus Cristo, nosso Senhor, ou seja, na força da outra vida, a Gnosis; porque seu sobrenome se relaciona com sua realidade de ser dialética decaída, que ele quer transfigurar na força de Cristo.

A rosa, como sabeis, é a aura, e a cruz, a personalidade dialética. Para que a rosa floresça na cruz, deverá ser alimentada pelo sangue do coração de Cristo e desabrochar na maravilhosa luz solar da Gnosis. Isso não é linguagem mística, mas a exposição em poucas linhas do processo necessário. Vosso início, vossa continuação e vosso fim têm de estar alicerçados em Jesus Cristo, nosso Senhor.

Como podemos alcançar isso? Abrindo a rosa, que é a aura, às radiações dessa nova aurora. É aí que se encontra o ponto essencial de toda a maçonaria da pedra angular.

Todos nós temos de fazer florescer a rosa em nosso jardim, a rosa sagrada dos mistérios. Para isso devemos aprender a compreender os mistérios da aura. É da aura, na maioria dos casos a portadora fatal de nosso carma,* que toda erva daninha deverá ser extirpada. Se não puder ser removida com a lâmina afiada da enxada, terá de ser então arrancada, a fim de que a rosa dos mistérios possa despertar. Se o roseiral clássico das lendas não estiver em concordância com a exigência divina, é absolutamente impossível a rosa florescer na cruz, ou seja, a demolição da personalidade em sentido libertador.

Por que retornais sempre aos velhos hábitos? Por que vos encerrais sempre de novo no velho círculo de pensamentos? É porque não arrancastes ainda o mal pela raiz, o mal presente na aura. Para isso é preciso trilhar o caminho evangélico puro, conforme foi explicado no capítulo anterior, ou seja, começar desde o primeiro toque da Fraternidade até a noite da véspera do dia de Páscoa.

Nessa via-crúcis, o roseiral renasce, e o aluno ingressa em uma nova comunidade espiritual. Essa comunidade tem de estar apoiada em uma aura tranquila, pura e equilibrada, capaz de refletir, como sereno lago cristalino e sem distorções, a luz solar eterna na personalidade. Quem alcançou esse estado pregou a rosa na cruz. Quem alcançou esse estado conhece, em si próprio, o ser de Cristo.

Falamos, há pouco, do medo. Medo é um estado da aura. O medo exprime instinto e ligação naturais, em um entrelaçamento absoluto, interior e exterior, com esta ordem de natureza. O medo é uma característica dialética espontânea.

Tudo o que aqui vive tem medo. O animal levanta as orelhas ao interceptar algum ruído indicador de perigo. Insetos e pássaros tomam o colorido da flor, da folha ou da árvore, para não serem percebidos por inimigos. O homem aprende a ser cauteloso e tático, porque o medo existencial está arraigado em seu ser.

O medo emana de determinados centros sensoriais do campo aural, a saber, dos centros sensoriais marcianos. Já percebestes que medo e Marte têm algo em comum? O medo e a coragem desta natureza são análogos; a coragem e o heroísmo desta natureza, tão altamente glorificados em nosso mundo, provêm do medo, do perigo de vida. Os maiores heróis da história declararam muitas vezes, com grande sinceridade, que seus feitos mais formidáveis, na realidade, foram produtos do medo.

Talvez não ignoreis isso. No entanto, compreendei o seguinte: o medo tem relação com os centros sensoriais marcianos ou dinâmicos da esfera* aural. Esses centros sensoriais têm por tarefa assimilar certo estado atômico da substância primordial, que conhecemos em sua fase final como ferro. Esse maravilhoso metal, em seu estado primordial puro, tem de prover com energia dinâmica a inteira realidade de ser. Essa energia dinâmica deve manter o homem constantemente no mais ideal estado de saúde espiritual, moral e material. Se essa energia é empregada erroneamente, surge um esgotamento. Como consequência, os referidos centros sensoriais começam a atrair substância primordial acima da quantidade segura.

No mesmo momento, desenvolve-se a erva daninha no roseiral, e vegetações selvagens desfiguram inteiramente o jardim maravilhoso. Assim, esse apoderar-se revolucionário de uma quantidade excessiva de substância primordial tem como consequência, em virtude da transgressão das leis divinas, uma cristalização. A personalidade adensa-se em uma prisão de carne, fato que todos nós conhecemos.

O ferro no sangue, o extrato da excrescência aural ímpia, conserva-o quente e mantém a vida, uma vida, porém, de aprisionamento. É uma vida na contranatureza,* gerando como reação um medo fundamentalmente uno com nosso estado de ser.

A energia dinâmica é uma força divina da qual vivemos e existimos na impiedade. A cada batida do coração, nós, seres dialéticos, vivemos do pecado; cada alento é uma mutilação da força divina. Essa contranatureza violenta, ligada a cada fibra de nosso sistema,* essa oposição fundamental a Deus, essa "existência" louca antidivina, tudo isso trouxe medo para dentro de nosso sistema inteiro.

O medo é a reação psicológica de pensar e saber, com consciência plena absoluta: "Eu vou perecer"! Isso é insuportável! Daí então nasce a coragem. A coragem que percebemos por detrás da obstinada tentativa de tudo suportar, apesar de tudo, para manter essa "existência" amaldiçoada.

Se reconhecerdes isso, compreendereis então o Sermão da Montanha.

Se realmente quiserdes ser um aluno da Rosa-Cruz, se verdadeiramente quiserdes que esse primeiro toque da Fraternidade se desenvolva em vossa vida como bênção, tereis de neutralizar os antiquíssimos centros sensoriais da energia dinâmica em sua atividade proliferadora.

De que modo? Tirando o medo do caminho! Como? Já não querendo ser corajoso, isto é, silenciando vosso instinto de sobrevivência segundo a natureza.

Em relação a isso, atentai para as seguintes palavras do Sermão da Montanha:

> Por isso vos digo: não andeis ansiosos pela vossa vida, quanto ao que haveis de comer ou beber; nem pelo vosso corpo, quanto ao que haveis de vestir. [...] Portanto, não vos inquieteis com o dia de amanhã, pois o amanhã trará os seus cuidados. Basta ao dia o seu mal. [...] Buscai, pois, em primeiro lugar, o reino de Deus e a sua justiça, e todas essas coisas vos serão acrescentadas.[7]

Como alunos, deveis cessar radicalmente toda essa corrida atrás da natureza, com seus instintos, ações e reações, porque isso não tem sentido algum. Cada dia na dialética é um dia de preocupações, que continuam, dia após dia. Se conseguirdes abandonar essa luta e já não quiserdes participar dela, o resultado será uma admirável mudança aural. Os centros sensoriais marcianos recuperarão algo de sua ligação primordial. Dessa forma, trabalha-se no roseiral! E, por meio dos centros sensoriais marcianos aquietados, algo da luz gnóstica primordial pode penetrar até o sangue mesmo.

Os novos metais de que fala Paracelso se tornam parte de nosso ser. Então, a luz prânica original tece com fios de ouro, por assim dizer, uma veste inteiramente nova envolvendo toda a nossa realidade de ser. Cada fio desse manto real é uma base para uma ligação pela prece com o Eterno, em um conhecimento de primeira mão.

É assim, e somente desse modo, que vemos Cristão Rosa-Cruz sentado à mesa, na noite da véspera do dia de Páscoa, em humilde ligação pela prece com seu Criador.

[7]Mateus 6:25, 34 e 33.

4

A verdade dos mistérios

Se o neófito desejar trilhar a senda libertadora de *As núpcias alquímicas* e quiser percorrê-la com sucesso, terá de sondar muitos mistérios, como o fez Cristão Rosa-Cruz. Por isso, convém falar mais detalhadamente sobre a natureza e o objetivo dos mistérios sagrados. Se o aluno busca seriamente encontrar a luz, tanto melhor será para ele aprofundar-se na estrutura básica de *As núpcias alquímicas*.

O conhecimento dos mistérios é condição fundamental para todo o desenvolvimento. E a essência da Escola de Mistérios é prova mais do que evidente da graça divina, do amor "daquele que não abandona a obra de suas mãos". Podemos traduzir a palavra "mistério" por segredo, e assim podemos reconhecer existirem três segredos, três mistérios fundamentais, para o ser humano dialético:

De onde ele vem? Quem ele é? Para onde ele vai?

Esses três mistérios fundamentais são os três graus originais da verdadeira maçonaria. Esses três segredos estão arraigados tão profundamente em toda a humanidade que todo ser humano, seja ele individualista ou membro de um grupo, busca sempre resposta a essas três indagações fundamentais.

Quando parte da humanidade caiu, os mistérios surgiram espontaneamente. Desde a aurora da queda do homem, ele apartou-se da realidade divina, que lhe foi ocultada. Quanto mais a humanidade aprofundava sua queda, mais se apagavam de seu sangue os últimos resquícios da lembrança.

A Linguagem Sagrada, porém, afirma que a luz mesma desceu com a humanidade decaída, como auxílio de Deus, qual mão estendida, acompanhando o pecador como possibilidade de salvação.

Contudo, a luz não queria ser mistério, nem tampouco permanecer oculta, pois ela o chamava, acenava-lhe, tocava-o. Todavia, para o ser humano dialético ela se tornara um mistério incidental, uma vez que as trevas não conseguem ver a luz.

A luz brilha nas trevas, e as trevas não a compreenderam, assim começa o prólogo do Evangelho de João. Assim podemos compreender que não existe nada mais revelado e acessível do que os mistérios de Deus.

Todas as coisas desta natureza são muito mais ocultas e misteriosas. Se experimentamos como oculta a luz de Deus, é porque a vibração do ser decaído não pode alcançar a realidade do amor infinito. Declaramos com ênfase: os mistérios não são mistérios em si mesmos. É o nosso próprio estado dialético pecaminoso que forma o véu existente entre nós e a realidade de Deus.

Quando falamos, portanto, em escola de mistérios, não estamos nos referindo a uma escola cheia de segredos, porém a uma realidade irradiante da qual poderemos aproximar-nos, a qual poderemos possuir, quando rasgarmos os véus tecidos por nós mesmos. Através desses véus, três raios penetram no coração de nosso sistema, três influências fortemente magnéticas aproximam-se de nós, provindas do santuário oculto. Elas nos despertam para o conhecimento de Deus, para o nosso autoconhecimento e para a futura transfiguração. Dizemos: "Essa atividade tríplice da Gnosis toca todo ser humano, assim como a luz solar influencia todo ser vivo". E todo ser humano reage e responde ao tríplice chamado do mistério divino.

Podemos encontrar farta comprovação disso em toda parte. Toda a religiosidade segundo a natureza, todas as formas de humanitarismo, todo o esforço humano dialético, do mais grosseiro ao mais refinado, são respostas às indagações: "De onde venho? Quem sou? Para onde vou?" Toda a arte, ciência e religião provieram daí. Porventura não é o filósofo que se ocupa com a origem, a existência e o destino do homem? E tudo o que nosso mundo é atualmente não concorda com a imagem criada pela filosofia de todas as épocas? Tão forte é o impulso da tríplice radiação divina, que mesmo a criatura mais primitiva serve a seus deuses e leva-lhes oferendas sob a influência dos mistérios. E o homem do mundo moderno, que juntou dinheiro e bens, saciando-se nas riquezas com as quais ele mesmo não sabe o que fazer, realiza tudo isso sob essa mesma influência. Certamente achareis estranho que o homem impelido para a posse de bens terrenos e as pessoas que buscam igualdade para todos ajam sob o impulso da mesma influência. Entretanto, se refletirdes um pouco, reconhecereis que isso é verdade. O instinto de posse e o anseio por liberdade, bem como suas consequências, são reações decorrentes da percepção relativas à origem, ao ser e ao destino. O ser humano origina-se da pobreza, da opressão ou de outras circunstâncias aflitivas, *ou* então de grandes riquezas. Nosso ser está em determinada ligação com essas coisas, e todos os nossos esforços representam uma atividade para escapar ao passado ou alcançar e manter determinadas situações desejáveis.

É possível não achardes plausível que todo o procedimento humano se origine do impulso dos mistérios divinos. Por isso, precisamos examinar mais de perto esse problema.

Considerai a seguinte imagem: a tampa de um poço é retirada e, em consequência da forte luz que o invade, o bicharedo foge para todos os lados como massa formigante. Se a tampa, porém, não for recolocada, os bichinhos lentamente se adaptarão à nova situação, embora nada compreendam dessa luz. É apenas uma reação biológica a ela. Se pudessem pensar ou tirar conclusões, tecendo hipóteses sobre a vida, então, como nós, teriam impulsos para melhorar e modificar a existência; enfim, sob condições puramente biológicas, iriam ocupar-se com sua origem, ser e destino.

Concluímos assim que todos nós vivemos e nos encontramos sob a influência fundamental do tríplice mistério. Podemos agora indagar-nos mutuamente: "Em que situação nos encontramos agora, como alunos da Escola da Rosa-Cruz? A nossa presença aqui é igualmente mera reação biológica ou se encontra acima disso?"

Vós mesmos deveis responder a essas indagações.

Se vossos antepassados, por exemplo, praticavam o esoterismo e buscavam soluções no ocultismo ou no misticismo, então é bem possível que vossa presença aqui esteja relacionada com vossas tendências. Reagis, assim, biologicamente à radiação da luz. Exatamente da mesma maneira que os isópodes.[8] Muitos dirão com orgulho: "Sim, meu pai também era rosa-cruz!" Na realidade, estão afirmando, sem perceber: "Eu pertenço ao mesmo grupo biológico de meu pai. Ele reagia desse modo à força de radiação do tríplice mistério. Eu também faço o mesmo!"

Não precisamos deter-nos com repetições, pois compreendereis que o ser dialético pode reagir de três modos à radiação tríplice dos mistérios, a saber: bem, mal ou neutro.

Na reação neutra incluímos a grande maioria dos seres dialéticos médios, que não são nem bons nem maus. São grupos de seres incolores, que seguem seu curso de vida passivamente assim como vieram. É o ser humano que adere a certa ordem de justiça em determinado meio, acomodando-se inteiramente, e assim vive

[8]Grupo de animais com maior riqueza de espécies entre os crustáceos, com vários tipos de *habitats,* desde a zona litorânea até desertos (N.T.).

em paz. Esse tipo humano, após uma série de encarnações, após inúmeros giros da roda, nada aprendeu. Para esses, o Apocalipse diz com palavras candentes: "Assim, porque és morno, e não és frio nem quente, vomitar-te-ei da minha boca".

Em compensação, os outros dois tipos de seres são plenos de movimentação; no ser humano de reações boas ou más, a atividade está sempre presente. Por isso, esses seres vão depressa ao encontro dos limites das leis da dialética. Assim, de tempos em tempos, eles passam por tremendos sofrimentos, os sofrimentos da limitação. Em suas reações biológicas, sob a radiação tríplice, esses seres agem como se fossem continuamente perseguidos neste mundo, sem jamais encontrar um lugar de repouso. Eles correspondem à essência mesma da ordem dialética e são conservados em movimento a fim de serem preservados de uma petrificação definitiva. Isso é uma graça concedida pelo tríplice mistério. Podemos agora compreender perfeitamente as palavras do Apocalipse: "Oxalá foras quente ou frio!" A morte da petrificação eterna seria então evitada.

Deveis indagar a vós mesmos a qual tipo dialético pertenceis de nascença: ao tipo frio, mau, ao tipo quente, bom; ou ainda ao tipo que já não reage? Ao mesmo tempo, deveis averiguar se vos elevastes, e até que ponto, acima do nível comum da natureza.

Se vos encontrais apenas no nível horizontal comum da natureza, a atividade secreta tríplice de Deus nada mais é para vós do que a atividade ultravioleta, da qual emana uma força destrutiva; ou a atividade infravermelha, que vos impele implacavelmente a correr no encalço de algo; ou ainda a atividade reveladora, desmascarante dos raios-X.

Pretendemos dizer com isso que desse modo sois simplesmente mantidos em movimento dentro de vosso estado natural. De modo algum vos aproximais dos mistérios de Deus, embora eles mantenham em movimento a roda de vossa vida! Quanto a retirar os véus, porém, nem se fala!

Tendes vossos livros, assistis aos serviços e às conferências, e conversais uns com os outros sobre Cristo e sua missão, e continuais a ocupar-vos de vossos problemas da vida. Pensais que assim já vos colocastes acima do nível horizontal da dialética? Acaso pensais que estais assim vos aproximando dos sagrados mistérios, que na realidade não são mistérios?

Eis as indagações a que vós mesmos deveis responder, pois estes são os mistérios, os problemas da vossa própria vida em relação aos segredos de Deus. Estareis em vias de abandonar a linha horizontal somente quando reconhecerdes, até o sangue, que o contínuo correr ao encalço de algo no plano horizontal não tem sentido algum; que deveis retirar-vos do jogo alternante do bem e do mal. Somente estareis em vias de abandonar a linha horizontal quando alcançardes em vosso imo o reconhecimento de que existe outra realidade de vida não incluída nas duas esferas materiais.

Não vos apresseis em afirmar que já possuís esse reconhecimento, que não pode ser adquirido meramente através de livros, ou porque o dissemos, ou porque está escrito na Linguagem Sagrada. Esse reconhecimento tem de ser uma posse viva. Quando isso ocorrer, os mistérios de Deus vos falarão de modo inteiramente diverso e muitas portas vos serão abertas no caminho do santuário secreto.

Sabeis que se fala em sete escolas de mistérios. Dizem que uma é para o Ocidente, outra para o Oriente etc. Contudo, enganam-se os que afirmam isso. A verdade é que temos de aproximar-nos de modo sétuplo do tríplice mistério. Existem sete degraus a galgar para que se possa penetrar por trás do véu. Pouco importa que sejamos orientais ou ocidentais; todos temos de galgar os mesmos degraus, seguir o mesmo caminho.

Conheceis as palavras do prólogo do Evangelho de João: "A todos que o receberam, [...] deu-lhes o poder de se tornarem filhos de Deus!"

Os que ascendem acima da linha horizontal experimentam a força de radiação do tríplice mistério divino de modo inteiramente novo, a saber, em sentido libertador. A força de radiação da Gnosis torna-se força divina, que conduz à bem-aventurança. Nesse caminho de bem-aventurança, há sete fases a distinguir. O neófito que ingressa na primeira fase torna-se corporalmente um perfeito aluno da Escola Espiritual. Todos os irmãos e irmãs o reconhecerão como tal. Ali não há possibilidade de enganos, nem divergências de opinião, nem incompreensão, porque em cada fase da senda se evidencia claramente uma ação inequívoca.

O aluno sabe de onde vem!

Isso significa que ele possui o conhecimento interior de sua ascendência divina. Ele ouviu a voz que diz: "Eu disse: sois deuses!" Quem, de seu âmago, é possuidor desse saber, evidencia uma assinatura claramente perceptível em todo o seu ser; a rosa e a cruz dela testificam.

Além disso, o aluno sabe o que ele é!

Isso quer dizer: ele se reconhece como um homem decaído possuidor de uma realidade existencial totalmente danificada e desorganizada. Ele se encontra em uma condição tal que não pode, sem mais nem menos, ser "inflamado" pela luz. O aluno reconhece isso até a última fibra de seu ser. E nesse saber encerra uma assinatura: a rosa, ou seja, a aura, e a cruz, isto é, o corpo, estão profundamente compenetrados disso. Esse reconhecimento, porém, significa: dele viver e ser!

Além disso, o aluno sabe para onde vai!

Isso significa que ele ascendeu acima da linha horizontal em uma vivência consciente. Em seu ser, há profunda gratidão, admiração e alegria crescentes, pois ele sabe ter sido acolhido pela luz da verdadeira vida!

A gratidão de poder trilhar a senda transfigurística; a admiração pelo grandioso e intenso amor de Deus que o tocou, dando-lhe provas de sua clemência; e a alegria de um reencontro e de um progredir de força em força, e de magnificência em magnificência. A alegria do despir-se do velho eu e do vir-a-ser de algo inteiramente novo. A alegria de haver ingressado pelo portal do Senhor e de ser denominado pelos irmãos e irmãs: o duas vezes nascido.

Vede: era sobre todas essas coisas que Cristão Rosa-Cruz refletia na noite da véspera do dia de Páscoa, a véspera de sua celebração das núpcias alquímicas.

Considerai, por fim, o seguinte: toda a humanidade se encontra sob a influência dos mistérios.

Estais *diante* dos mistérios. Sois chamados por eles, mas somente o verdadeiro aluno é ligado *aos* mistérios!

Que possamos, portanto, um dia, saudar-vos em nome do Pai, e do Filho, e do Espírito Santo.

5

A Santa Ceia

No capítulo precedente verificamos, com referência ao reino imutável, que os mistérios somente passaram a existir à medida que o ser humano dialético, por sua condição natural, foi-se revestindo de inúmeros véus. Tão logo esses véus desaparecem mediante o processo de autodemolição, o mistério divino apresenta-se claro como o dia. Assim, o aluno caminha de magnificência em magnificência, de força em força, na radiante luz da realidade eterna. Portanto, os chamados mistérios são estados de nossa realidade existencial sombria.

Vimos também que a Fraternidade Universal, mediante a atividade tríplice de radiação da Gnosis, submete o mundo e a humanidade a uma contínua demolição.

Isso é feito para manter em movimento a humanidade decaída e o campo onde sua vida se manifesta, evitando assim uma diminuição de sua intensidade vibratória e uma petrificação total.

A radiação divina em sua tríplice atividade demolidora, a denominada justiça divina, deve ser considerada, portanto, como imensa graça, plena de amor à humanidade decaída. Entretanto, deveis dar-vos conta de que o aluno da Escola da Rosacruz não deve satisfazer-se com isso. De nada adianta verificar que a essência da dialética é, na realidade, obra da amorosa atividade da

Gnosis. De nada adiantará certificar-vos cientificamente de que a alternância do bem e do mal preserva da petrificação total e de que a única coisa que tereis de fazer seria precaver-vos para não serdes encontrados "nem frio nem quente", como é dito na linguagem sagrada. Isso significa cair em um estado de indiferença burguesa em relação ao bem e ao mal. Então, já não podereis reconhecer nenhum elemento dinâmico ativo em vós.

Quando um ser humano chega a esse ponto, a derradeira partícula da vida original, presente nele como átomo, retira-se de seu sistema, pois para ela este já não é útil nem lhe possibilita progresso. Desprovida de alma, tal criatura, embora aparentemente viva e presa à roda talvez ainda por muitas encarnações, é lançada, por assim dizer, nas trevas exteriores, absolutamente apartada da eterna realidade espiritual da luz divina.

Eis por que não devemos permanecer na mera compreensão disso. Nosso discipulado na Escola somente terá valor e sentido quando nos dispusermos a afastar as trevas de nosso próprio sistema, a fim de permitir que a atividade tríplice de radiação da Gnosis realize algo mais do que demolir e manter-nos em movimento.

Duas questões deverão acompanhar-vos:

"Como a eterna realidade divina poderá elevar-se qual novo sol em meu microcosmo*?" "Como poderei ver a aurora despontar no horizonte de minha vida?"

Quando nossos problemas se resumirem nisso; quando essas indagações brotarem do imo, quando cada fibra do ser der testemunho disso, então nosso campo de força cintilará e vibrará de exuberante juventude.

Contudo, enquanto o centro de nossos problemas se situar na dialética e andarmos curvados sob o peso de nossas misérias, preocupações e temores em relação a esta vida; enquanto nosso sangue ainda suspirar por desejos ligados a esta natureza, não se pode na verdade falar em discipulado na Escola.

Deveis considerar bem tudo isso se quiserdes compreender o que a Escola tem a dizer-vos, porque se verifica muitas vezes, quando se trata da radiante luz de Deus, que há ouvidos que não ouvem e olhos que não veem. Porventura não é verdade, na maioria das vezes, que o Senhor de toda a vida vos chama, com toques de trombeta, sem poder alcançar-vos?

Qual é a razão? É porque toda a vossa esfera aural intercepta a luz, qual espesso manto ou hábito de monge, isolando-vos sensorialmente.

É possível que tenhais encontrado em sonhos essa figura, mais ou menos curvada, do país das sombras. Suas mãos cingem espesso manto em torno do rosto e dos membros; por entre as dobras, um olho espia; um olhar cheio de angústia e medo mortal, a espreitar ininterruptamente e onde se podem ler todas as tensões e tormentos do egocentrismo. Essa figura sois vós mesmos! É o reflexo de vossa imagem, que, com muitas outras, habita vossa esfera aural.

No sonho, todo o nosso panteão sai a passear. Durante o sono todo o ser se expande como um pergaminho. Vivemos com seres irreais e em circunstâncias irreais. É o estado atual de nossa própria história; com ela somos confrontados, dela vivemos e existimos. É assim que temos nossos sonhos. Ao despertar, todas essas realidades e irrealidades se recolhem de novo em nossa consciência. Essa consciência está em toda parte. Ela é nosso sangue — e nosso coração, que, suspirando, impulsiona sem cessar esta vida miserável até o fim — e é nosso cérebro, que pensa. E nós nos olhamos uns aos outros através de um campo de respiração descolorido e envenenado por nossos próprios fantasmas.

Deveis reconhecer isso, se quiserdes ser alunos da Rosa-Cruz. E compreender que tereis de eliminar esses sombrios mistérios de vossa vida se quiserdes encontrar a Deus; deveis compreender que se espera de vós uma ação imediata, uma atitude positiva! Compreendei, pois!

Criastes ao vosso redor um mundo de fantasmas. Esses fantasmas são o produto da vida de extravio e de egocentrismo. Existem fantasmas e ideias que fixam vossa atenção no pão de cada dia; outros que vos dirigem para vossa família e muitas outras ligações. Existem fantasmas que vos fixam na ilusão daquilo que é vosso estado de direito. A todo momento, vossa atenção volta-se para a linha horizontal, pois todos esses fantasmas em vossa aura estão submetidos a um processo circulatório, semelhante ao sangue e ao fluido nervoso.

Periodicamente voltam as mesmas coisas, as mesmas misérias, as mesmas chamadas alegrias e as mesmas forças de atração. Assim como mudamos continuamente de roupa e nos apresentamos como sr. ou sra. X no cambiante jogo colorido de diversos trajes, assim também os fantasmas nos envolvem cada vez mais com outras vestimentas e outros véus.

Compreendeis agora por que uma ação imediata é exigida de vós, uma atitude positiva? Nenhum véu pode existir no discipulado da Rosa-Cruz. Não deveis repetir o velho drama adâmico.

Inteiramente desnudo está o ser decaído diante da tríplice atividade de radiação da Gnosis. E a Gnosis chama claramente: "Adão, onde estás?" E então o homem pode fazer duas coisas: esgueirar-se como um cão, envolto em uma veste fictícia, para esconder a vergonha de sua autodescoberta, ou estender os braços, dizendo: "Senhor, aqui estou!"

Não vos pedimos que vos *comporteis* como alunos da Escola, e sim que realmente o *sejais!*

"O que desejais então de nós?", perguntareis.

Tentaremos explicar. "Comportar-se" como aluno da Escola é uma conduta do Velho Testamento; é encerrar-se dentro de certa ordem de direitos: isto pode, aquilo não pode. É limitar-se a prescrições e instruções.

Atentai para a expressão "comportar-se"! Neste caso, tão-somente trajais um manto, e o discipulado está na vestimenta e não em vós mesmos. Esse manto é um dos tantos véus entre vós e a Gnosis. Desse modo a Gnosis continua um mistério para vós.

Esse é o perigo de vossa eventual ligação com a Escola. Perguntais demasiadamente: "Que devo fazer?" – "Que tenho de deixar?" – "De que modo devo comportar-me para tornar-me um exemplo?"

Então, o que vos é pedido? *De novo* solicitais prescrições segundo as quais deveis viver. Solicitais um manual onde se encontrem todas as instruções e coisas necessárias para a nova vida. No entanto, nada deveis solicitar nem imitar. Deveis ser algo! Deveis *ser* um aluno da Escola! Por conseguinte, tendes de atacar ainda hoje vossa atitude de vida, corrigi-la seriamente! Ninguém pode dizer: "Nada tenho a fazer com relação a isso".

Tendes de atacar agora vossos fantasmas e suas consequências. Os véus devem ser rasgados. Desse modo, vossa faculdade sensorial abrir-se-á imediatamente para a voz da Fraternidade. Então, espontaneamente, do imo, já não tereis problemas no discipulado. Estareis em perfeita concordância com tudo o que se relaciona com vossa atitude de vida e com tudo o que a Escola exige do aluno.

É preciso meter o machado em vosso próprio ser; então o horizonte de vosso campo de vida se colorirá com a aurora da luz da verdade eterna. Quando essa aurora despontar, sabereis por que Cristão Rosa-Cruz estava ocupado, antes das núpcias alquímicas, em preparar a Santa Ceia.

Quando o aluno está em ação positiva, ele mete o machado no próprio ser e não recua diante das consequências; como resultado, eleva-se o novo sol. Essa nova luz é a prova de uma atividade gnóstica totalmente nova.

Dissemos que cada criatura é tocada pela tríplice radiação da Gnosis, para a demolição e a manutenção do movimento. O aluno agora rasgará seus próprios véus, o que quer dizer: ele trará ordem, repouso, equilíbrio e serenidade a seu sistema aural.

Assim, do mesmo modo que surge o sol quando as nuvens se vão, também se mostra a luz da Gnosis quando a aura está purificada. Então o aluno experimenta o que os antigos povos pioneiros da Atlântida viram. Eles viviam anteriormente na terra envolta em brumas da atmosfera nebulosa da Atlântida. Contudo, à medida que seu corpo se modificava, iam para lugares de atmosfera mais rarefeita, até chegar o momento em que, pela primeira vez, contemplaram o sol realmente como o rei da aurora!

O aluno que, pela primeira vez, rasga a atmosfera nebulosa da própria aura, mediante a demolição positiva do eu, experimenta algo, algo muito poderoso. Ele comprova sensorialmente o nascimento da aurora, como o denomina Jacob Boehme.

No entanto, compreendei bem que essa luz ainda não se tornou sua posse pessoal. O aluno experimenta uma nova força de radiação, porém ainda não está de posse da luz mesma. Ele apenas vê a terra prometida ao longe, sem ainda tê-la alcançado. Paulo define essa situação como uma ligação de fé, que, apesar de não ser ainda absoluta, é capaz de remover montanhas.

Por isso, o aluno continua trabalhando em si mesmo. Dia após dia, os golpes do machado caem sem compaixão na raiz da vegetação dialética. Reparai na assinatura do verdadeiro aluno: ele age com profunda compaixão e imensa paciência com os outros, e somente consigo próprio é severo e impiedoso. Assim, mediante um trabalho em si mesmo que tudo exige, o aluno prepara seu bem-amado cordeiro pascal, isto é, prepara sua esfera aural para a definitiva descida da luz, para a morada absoluta da luz.

Chega finalmente o momento em que, assim preparada, a aura é tocada, e algumas de suas estruturas orgânicas são definitivamente coloridas pela luz da Gnosis.

A luz do Senhor nasceu no aluno. Agora resta apenas saber se ele está apto, nesta fase, para preparar igualmente seu bolo ázimo puro, como é denominado em *As núpcias alquímicas*. Compreendereis que essa luz, quando nasce no aluno, de modo algum pode ser comparada com a da vida da natureza dialética. Por isso, o fogo da demolição, que ataca a humanidade inteira para sua preservação, opera mais fortemente no aluno.

Quanto mais a luz se aproxima, mais intensos são o aniquilamento, a purificação, o acrisolamento. No entanto, infinitamente maiores são a graça e a possibilidade de desenvolvimento. Nessa luz o aluno segue adiante e é auxiliado por ela, porquanto ele mesmo nada faz, e, sim, a luz que nele está. A autodemolição avança com grande rapidez, e a possibilidade da transfiguração cresce em toda a sua magnificência.

O aluno, por conhecer e desejar esse processo, passa a colaborar espontaneamente com ele, mediante a submissão de toda a sua natureza. Se assim não o fizer, o processo será influenciado desarmoniosamente, e surgirá uma fermentação. O aluno deve também compreender que não pode apressar esse processo com sua impaciência dialética, visto que, assim fazendo, suscitará um processo de fermentação.

Todavia, se evolui harmoniosamente em todo esse processo, o aluno prepara, com seu bem-amado cordeiro pascal, o bolo ázimo imaculado. Assim, célere, ele segue até o novo e mais elevado ponto de seu desenvolvimento, denominado "a tempestade do Espírito".

6

A tempestade do Espírito

Desejamos agora dirigir vossa atenção para a poderosa tempestade que se levantou na noite da véspera de Páscoa de que fala o prólogo de *As núpcias alquímicas*.

É de vosso conhecimento que isso significa a efusão do Espírito Santo. Conforme nos relata a linguagem sagrada, essa efusão se processa com violenta comoção. Assim que o Espírito Santo adquire poder sobre um aluno, nele se produz, como consequência, completa transformação. Esta evidencia-se de tal forma no aluno que causa a maior admiração em quem já o conhecia.

Quando o Espírito Santo se efundiu sobre o amplo e conhecido círculo dos apóstolos de Jesus, o Senhor, pode-se dizer que a admiração chegou quase ao aturdimento, ante a completa modificação quanto ao modo de agir daqueles homens, antes tão reservados, modestos e tranquilos.

Neste capítulo, queremos fazer uma explanação sobre a natureza e a atividade do Espírito Santo. Está claro que o entendimento desta explanação, além de desejável, também é necessário. A efusão do Espírito Santo é imprescindível para dar início e continuidade ao processo de transfiguração. Eis por que o livro *As núpcias alquímicas de Christian Rosenkreuz* deve começar por essa efusão, visto que pretende oferecer fiel relato de todos os resultados do processo da transfiguração, iniciado na força do Espírito Santo.

As especulações metafísicas da humanidade têm de tal modo ocasionado trevas em relação ao conhecimento do Espírito Santo, que é imprescindível, primeiro, pôr em ordem nossos pensamentos.

O Espírito Santo é um aspecto da força de radiação da Fraternidade Universal divina. Como já indicamos, na radiação de Deus se distinguem três correntes, três atividades. Desde a mais remota antiguidade até os dias de hoje, a humanidade sabe disso, mas esse saber cristalizou-se no coração e na mente de inúmeros seres em alguns conceitos dogmáticos, que já não podem ser sondados quanto à profundidade, nem quanto à realidade.

Por certo sabeis que a teologia fala das três pessoas do ser divino. Embora distintas, constituem uma unidade: a trindade do Pai, do Filho e do Espírito Santo.

Esse dogma, embora não compreendido, é tão fundamental na teologia que, nas várias igrejas onde a doutrina teológica em questão é ensinada, a contestação da existência das três pessoas da divindade é considerada sacrilégio.

Nossa história conheceu muitos momentos sangrentos causados pelo dogma da trindade. Pensai em Miguel Servet, por exemplo, que, por instigação de Calvino, foi condenado à morte em Genebra, porque não interpretava como ele as três pessoas do Pai.

Há três correntes distintas na força de radiação da Fraternidade Universal divina, a saber: uma força fundamental e duas atividades dela dimanantes. Muitos fenômenos que se verificam na conduta da humanidade originam-se dessas três correntes.

Para demonstrar essa realidade, tomemos como exemplo uma flor. Primeiro, tornamo-nos conscientes de sua presença. Em seguida, se a contemplarmos mais de perto, ela despertará em nós uma reação sensorial, fazendo-nos perceber sua forma, cor, seu perfume e outras propriedades. Finalmente, se nos perguntarmos que utilidade e proveito dela poderemos tirar, ela nos impulsionará para a ação.

Deveis observar que entre essas três atividades existe um elemento de liberdade. Não é absolutamente obrigatório que experimenteis essas três forças da flor. É possível que apenas a presença da flor cause uma impressão em vossa consciência. Se alguém, neste caso, vos pedisse uma descrição dela, não estaríeis em condição de fazê-lo; sua utilidade poderia também vos escapar, ou porque não a experimentais, ou porque não tendes interesse por ela. Neste caso, não seríeis estimulados à ação que emana da planta.

Com o auxílio desse simples exemplo, tornamos mais clara a aproximação das três correntes que emanam da Fraternidade Universal.

Primeiro, conforme dissemos, há uma força fundamental que emana da Fraternidade divina. Tudo o que se revela, todas as coisas criadas existem no macrocosmo* divino e, por mais degeneradas que se encontrem, estão sob a influência de determinada radiação. Por essa razão, diz-se que a luz fundamental de Deus irradia sobre todas as coisas e todos os seres, sobre bons e maus, e penetra até os mais profundos esconderijos da negra maldição. Dessa influência divina fundamental emanam duas atividades: um trabalho que ativa a consciência e outro que a regenera.

Observai que tudo isso é lógico e evidente. A luz do macrocosmo divino atravessa inteiramente os domínios cósmicos e, em virtude de sua natureza, exerce certa atividade, como acontece com os raios e atividades da luz. Em sua radiação, a luz divina desperta, inquieta, arrebata e queima tudo o que se relaciona com as trevas. É essa atividade que impulsiona a consciência a reagir, a descobrir o que é e o que deve ser. Agora compreendemos por que se diz que "o Senhor é um fogo consumidor."

Todavia, compreendereis que essa luz divina também é atrativa, isto é, quer levar-nos à nova ação regeneradora.

Em tudo isso se revela a lei da natureza divina de atração e repulsão, do castigo e da graça, fato imensamente profundo. A linguagem sagrada, referindo-se a essa lei, assevera que Deus castiga o pecador e, cheio de graça e clemência, recebe o penitente.

Contudo, uma terceira possibilidade precisa ainda ser mencionada: a da condenação, o ser lançado nas trevas exteriores.

Quando a luz do reino imutável começa a brilhar, podemos, primeiro, percebê-la com a consciência; com ela começamos vagamente a levar em conta que existe um Deus, uma luz divina. Em seguida, essa luz pode atacar-nos e queimar-nos por causa de nossos pecados; então receberemos o castigo em virtude do estado em que nos encontramos. Essa ação, contudo, prova que a luz pode alcançar-nos, que reagimos a ela. Por isso, após o castigo, após o calor do incêndio, surge também a possibilidade de regeneração pela luz, graças a essa purificação. Nesse momento, experimentamos a graça da reconciliação.

Contudo, há ainda na natureza a possibilidade de que a corrupção em certas pessoas continue tão forte que nenhuma dessas três atividades da luz possa exercer qualquer influência sobre elas. Para tais seres não há possibilidade de ser tocados, castigados e reconciliados. Eles encontram-se tão fechados em seu próprio estado de ser, em suas próprias trevas, que foram, por assim dizer, banidos.

Dessa explanação percebereis que a presença dos três aspectos, das três forças ou ainda das três pessoas da Divindade apoia-se sobre uma atividade de radiação ou de força. É o trabalho tríplice que se pode comprovar de todas as maneiras e com todos os exemplos possíveis. Agora já não haverá equívocos quando indicarmos a corrente fundamental da Divindade como o Pai, a corrente ativadora como o Filho e a corrente regeneradora como o Espírito Santo.

Quando vos dizemos: "Em nome do Pai, do Filho e do Espírito Santo", a Escola vos liga em primeiro lugar, segundo a consciência, com a corrente fundamental da Divindade; em seguida, todo o vosso estado sensorial orgânico é magicamente ligado à segunda corrente, a ação ativadora do Filho, para que a luz divina vos toque com seu fogo; e, em terceiro lugar, sois ligados à força regeneradora de Deus para que, um dia, experimenteis a bem-aventurança da realidade divina.

Para maiores esclarecimentos podemos dizer ainda que a segunda corrente divina, ou seja, a ativadora, pelo seu forte poder de comoção e purificação, dá ao microcosmo decaído justamente a possibilidade de santificação e de salvação. Por isso, essa atividade é denominada Jesus Cristo – que significa portador da salvação, o Salvador, o que traz a bem-aventurança.

Compreendemos, portanto, que após o trabalho purificador do Salvador, a regeneração ou transfiguração é como um consolo celeste e divino. Eis por que o terceiro trabalho da Divindade, no texto original, é indicado como o Paracleto, isto é, "o Consolador". Por isso disse Jesus a seus discípulos: "Quando vier o Consolador, que eu vos enviarei da parte do Pai [...] ele testificará de mim". Ou seja, o Consolador dará provas da grande intenção divina universal, que é conduzir ao lar o que estava perdido.

Está claro, portanto, que a Fraternidade atua igualmente de três modos, em total concordância com as três correntes da Divindade. Primeiro, há a atividade geral da Fraternidade; em seguida, uma atividade abaladora, demolidora; em terceiro, uma atividade de renovação.

Existe um grupo de escolas espirituais que colaboram inteiramente com a corrente fundamental da Divindade; outro que leva ao desenvolvimento a segunda corrente, e outro ainda que atua completamente por meio da força regeneradora do Espírito Santo. Esse tríplice sistema de escolas forma uma unidade e as diferentes atividades são perfeitamente equilibradas. Muitas vezes os alunos das diversas escolas olham-se mutuamente com maus olhos e experimentam fortes rivalidades, mas devemos observar que por detrás dessas incompatibilidades e tolices dialéticas está a linha de força de um plano universal.

O primeiro grupo de escolas é puramente normativo em relação a seus alunos, o segundo grupo está inteiramente em estágio ativo, e o terceiro, em estágio criativo.

O primeiro grupo está mais perto do caráter e do ser dialético. Sua finalidade é, mediante várias normas ou condutas de vida, sustentar e vivificar perenemente a ligação de grande parte da humanidade com a corrente fundamental de Deus. Grande número de candidatos é conduzido por essas escolas como preparação para o segundo estágio, visto que, irrevogavelmente, ele terá de vir. O aluno que amadureceu no primeiro grupo é recebido no segundo. Ele é levado à atividade interna e confrontado com a força purificadora de Jesus Cristo. Uma intensa revolução é provocada na existência pessoal do aluno. Seu eu, sua natureza autoconservadora, suas inclinações terrestres são atacados. O caminho da cruz lhe é mostrado. A ele é ensinado que o reino de Deus não é deste mundo, que terá de seguir a seu Senhor até o sepulcro da autodemolição. O aluno tem de ver com clareza que apenas após o Gólgota a aurora de um novo dia pode surgir.

Tudo isso vos parecerá muito conhecido e sabereis que a Escola da Rosacruz, com o grupo de alunos confiado à sua orientação, movimenta-se no segundo estágio. Decorridos alguns anos, ela deixou consciente e decididamente o estágio normativo, não para permanecer no segundo estágio, mas para irromper no terceiro estágio — a fase criadora.

A cada aluno é dito: "Convém-vos que eu vá [...] o Consolador, que eu vos enviarei da parte do Pai [...] ele testificará de mim".

Assim como muitos alunos têm atravessado conosco o deserto, do estágio normativo para o ativo, assim agora somos chamados com toques de trombeta, por assim dizer, para o estado criativo, para renascermos. Por isso, somos colocados enfaticamente ante *As núpcias alquímicas de Christian Rosenkreuz.*

O aluno descrito nesta narrativa sétupla passou pelas duas primeiras fases da atividade hierofântica e irá ingressar no estágio criativo.

Ele foi inflamado pelo Espírito de Deus, pela corrente fundamental no ser da Divindade; ele submergiu em Jesus, o Senhor, e está no Gólgota, em completa mortificação do eu. E eis que desponta agora a manhã da ressurreição.

Ele ingressa, então, na fase da vida totalmente renovadora. Uma nova consciência apodera-se de seu estado de ser. Assim sendo, ele torna-se uma pessoa totalmente modificada, tão diferente, que muitos perguntarão surpresos: "Quem é essa pessoa?" – "Com que poder fala e testemunha?" – "Com que autoridade faz essas coisas?"

Vede, ouvi e não esqueçais! A Rosa-Cruz quer levar-nos ao terceiro estágio, ao estágio criativo, ao Paracleto, ao Consolador, que tudo renova.

Vede, atravessamos o deserto; porém, no fim, brilha o horizonte libertador e luminoso. Deixemos nas areias soltas da aflição tudo o que é da terra, portanto, terreno.

Sigamos, por baixo das patas da Esfinge silenciosa, até o coração da Pirâmide, pois é ali que se triunfa sobre a morte e se conquista a verdadeira vida!

7

A CARTA

Em nossa última consideração sobre *As núpcias alquímicas de Christian Rosenkreuz* descobrimos que a força de radiação divina da Gnosis se distingue por três aspectos. O primeiro é o aspecto normativo, o segundo, o ativo, e o terceiro, o criativo.

Trata-se, pois, de três poderes distintos. Essas três ondas vibratórias ou radiações distintas emanam do reino imutável e penetram todos os estratos da vida dialética.

Está claro que essas três ondas vibratórias devem despertar igualmente três atividades distintas na vida dialética.

Na primeira onda vibratória, as forças etéricas, bem como a *astralis* e a *spinalis,* de modo algum são atacadas; elas apenas se reagrupam. Vemos, por exemplo, que mediante esse contato a atividade dos dois éteres* inferiores diminui, e os dois éteres superiores, o éter luminoso e o refletor, tomam posição predominante. Por conseguinte, são tocados em primeiro lugar os centros dos santuários* da cabeça e do coração.

Quando esse toque se torna um fato nos seres que a ele reagem, nota-se neles uma reação humanitária, ou então artística, religiosa, intelectual, ou ainda a combinação de dois desses comportamentos característicos, em concordância com a condição sanguínea e o fator hereditário. Esse toque é, por assim dizer, um chamado à vida superior, à verdadeira libertação, o qual, de início, é compreendido dialeticamente e, como tal, interpretado.

Disso resulta uma atividade puramente horizontal, que se manifesta em igrejas, organizações humanitaristas, mostras artísticas, pesquisas filosóficas e científicas.

As pessoas inclinadas a essas manifestações são, por assim dizer, inflamadas pelo Espírito de Deus. Consequentemente, são engendrados movimentos ricos em matizes, tão bem conhecidos na vida social, dos quais todos nós já participamos um dia, ou ainda tomamos parte.

Toda a vossa conduta na vida se baseia em certo idealismo dialético. Isso está em vosso sangue, e cada respiração, cada batida do coração impele vossa vida nesse sentido, como prova de que sois chamados pelo Espírito de Deus.

Contudo, atentai bem, esse chamado põe em atividade forças puramente dialéticas. Nesse caso vosso potencial de bondade é estimulado ou, em outras palavras: essa atividade desperta, igualmente, para uma vida intensa, o grande adversário que se denomina o mal.

Vossas reações a esse chamado e a esse toque da Gnosis têm como consequência infalível a vigorosa dinamização da roda da vida, um consumo rápido de energias, ou seja, as convulsões do surgir, brilhar e fenecer.

"Deus fez deste mundo um todo isolado, para que a vida nele girasse como uma roda, e nele se exercesse, portanto, contínua trituração e demolição."

Tendes também experimentado, como desespero, esse toque de Deus, muito embora ele vos preserve da petrificação? Conheceis a sufocante aflição do inatingível? Sabeis que toda a aplicação de vosso idealismo não traz nenhum resultado? Se essa compreensão arder em vós, então estareis maduros para a segunda onda vibratória da Gnosis.

A segunda onda vibratória da Fraternidade não vos estimula ao idealismo dialético. Ela não é um simples chamado ao qual tentais reagir espontânea e naturalmente, porém um encontro, um arrebatamento no qual o elemento voluntariedade é primordial.

Se o aluno estiver apto para tomar parte nesse segundo toque, ser-lhe-ão aplicadas forças que não se originam desta natureza. Procurai compreender isso.

Como já explicamos, na primeira onda vibratória se desenvolve um reagrupamento de éteres dialéticos, onde o éter refletor e o éter luminoso assumem lugar de destaque, com todas as consequências. Na segunda onda vibratória, vemos desenvolver-se, lentamente, uma incapacidade para a assimilação dos éteres comuns e a abertura do sistema aos chamados éteres santos, os quatro alimentos* santos. Isso tem início com o éter químico, e prossegue com o éter vital. Assim, dirigimos vossa atenção para esses dois éteres inferiores. Procurai formar uma imagem da situação: A força santa de Deus impele à comoção dialética, ao clímax da bondade, à mais grandiosa reflexão religiosa, à mais esplêndida manifestação artística e à mais profunda compreensão científica. Tudo isso de acordo com vosso estado de ser e conforme o permita o estado sanguíneo. Desenvolveis todas essas atividades guiados pelo foco da personalidade, isto é, a consciência, centralizada no santuário da cabeça. Então descobris, um dia, que todas essas atividades não trazem resultados libertadores. Experimentais, assim, a aflição do inatingível, o desespero do resultado negativo. Essa é uma situação extremamente perigosa, pois pode resultar em dano anatômico. A Sagrada Escritura diz: “A esperança que tarda deixa doente o coração”. Um ser humano diante do inacessível e, portanto, em desespero, pode chegar a um estado de paralisação de atividade, de completa resignação, o que ocasiona o encapsulamento da consciência.

Nesse caso, a medula sofre dano anatômico. Visto que ela controla o santuário do coração, este se torna literalmente defeituoso com esse abalo moral, provocando uma completa modificação no funcionamento do aparelho respiratório.

Não termina aí a série de acontecimentos, pois vemos surgir também uma alteração na pequena circulação sanguínea. Consequentemente, os hormônios da pineal* e da hipófise modificam-se. Como resultado final, vem o obscurecimento da consciência. Portanto, o dano causado ao coração pelas esperanças malogradas pode resultar em vários acontecimentos.

Todavia, é também possível que o aluno, ao experimentar a aflição do inatingível, ao descobrir que todo o esforço segundo a natureza produz resultados absolutamente negativos, cesse os movimentos do eu e se distancie de toda a agitação dialética, não em desespero ou incerteza, mas em silêncio inteligente.

É a isso que a linguagem sagrada denomina: "o silenciar diante de Deus".

Nesse processo do silenciar, que aprendemos a conhecer sob diversas denominações, desenvolve-se a mesma marcha dos fatos, porém com resultados totalmente diferentes.

E mais uma vez isso tem início na medula.

O "silenciar diante da Gnosis" abre a medula à segunda onda vibratória. O "silenciar diante da Gnosis", ou "o elevar os olhos para os montes de onde virá o socorro", traz como consequência certa atitude do corpo, certo estado sensorial, determinado olhar, uma respiração peculiar em ritmo irregular. O aluno não pode impor-se, de maneira forçada, essas modificações, visto que são produzidas pelo silêncio. Elas abrem a medula como um cálice à luz gnóstica. Assim, o coração é levado a endireitar-se um pouco, enquanto surge um novo funcionamento da respiração. A pequena circulação sanguínea modifica-se. Outros hormônios influenciam o sangue, e novas possibilidades de consciência começam a se fazer valer. O novo funcionamento da respiração se torna possível devido à mudança iniciada com a medula, que permite ao sangue a assimilação de forças etéricas de vibração superior. Essas forças etéricas são de natureza química e causam, em primeiro lugar, uma mudança nos neurônios.

Quando essas modificações produzem resultado permanente no santuário da cabeça, o aluno se encontra anatômica e corporalmente aberto à segunda onda de forças da Fraternidade. Como já vimos antes, essas forças têm por finalidade preparar o candidato para o renascimento, preparação essa indicada pelos rosa-cruzes como o "submergir em Jesus, o Senhor". Isso significa que, após ter adquirido a ligação anatômica com a segunda radiação gnóstica, o ser-eu, com toda a sua personalidade, mergulha corporalmente cada vez mais no silêncio e, sem resistência, no ser de Cristo, que o tocou. Ele rende-se completa e inteligentemente.

Ele conversa humildemente com seu Criador, como é dito em *As núpcias alquímicas*.

Não deveis ver nisso um processo puramente místico; muito pelo contrário! Isso apenas será realidade se houver alguma coisa que influencie a inteira personalidade. A ação exercida sobre o santuário da cabeça e sobre o foco da consciência, que acabamos de descrever, influencia todos os órgãos da personalidade, pois do santuário da cabeça descem pelo corpo inteiro doze pares de nervos cranianos.

Desse modo, o sangue, o fluido nervoso e a consciência — sob a influência dos novos éteres químico e vital — serão usados para retirar paulatinamente o organismo das garras da dialética. Isso é o incêndio da demolição descrita no sexto capítulo.

Quando esse desprendimento, esse submergir em Jesus, o Senhor, continua, sobrevém um novo momento psicológico para o candidato em sua viagem de regresso. Ele recebe o convite para as núpcias alquímicas. Isso acontece de modo notável, como já lestes.

Cristão Rosa-Cruz é tocado nas costas. Sua impressão foi a de ter visto um ser magnífico, trajando uma veste azul-celeste, peculiarmente coberta de estrelas. Na mão direita, a mensageira levava uma trombeta, que tocou tão vigorosamente, ao despedir-se, que a montanha onde Cristão Rosa-Cruz se encontrava foi fortemente abalada.

Ele então recebe uma carta com o selo da Rosa-Cruz e a seguinte inscrição: *Por este sinal vencerás.*

Trata-se aqui do toque da terceira corrente da Gnosis, o toque do Espírito Santo, o início da transfiguração. Como dissemos, na primeira corrente as forças dialéticas são reagrupadas de modo diferente. Por conseguinte, conduzem o indivíduo à descoberta de que a natureza terrestre não oferece solução alguma.

Na segunda corrente da Gnosis, novas forças etéricas de vibração superior são incorporadas ao sistema do aluno. Disso resulta um isolamento da vida dialética, fato que se revela em cada átomo da personalidade. No terceiro toque, a personalidade deverá começar a renovar-se. Ela deverá "renascer pelo Espírito Santo". Quando, pois, esse processo tem início, o aluno é tocado nas costas.

Isso significa que uma corrente de força, de potencial e vibração desconhecidos, toca de novo a medula e desce pelo canal do fogo* serpentino até o plexo sacro. Como consequência desse toque intenso, a consciência eleva-se a tal ponto que o aluno experimenta sensorialmente, como um choque, o segundo nascimento sideral.

É de vosso conhecimento que os centros cerebrais trazem, por assim dizer, a imagem do firmamento macrocósmico dialético tal como se encontrava por ocasião do nascimento material. Essa projeção do macrocosmo dialético é que determina as experiências e a conduta na vida, pois essa projeção ou gravação está plenamente de acordo com os resultados cármicos presentes na aura do aluno.

No momento em que o Espírito Santo, a terceira corrente do ser divino, toca o aluno, as projeções do macrocosmo original, do reino imutável, gravam-se em seus centros cerebrais.

Pode-se dizer que o aluno nasceu pela segunda vez. Todavia, entendei bem: assim como a criança recém-nascida é indefesa, tem um organismo delicado e é bastante limitada do ponto de vista sensorial, assim também o segundo nascimento sideral é apenas o novo princípio fundamental, uma base completamente nova para a ascensão, para o crescimento na vida original.

No momento em que o segundo nascimento sideral se torna um fato, o aluno vê a mensageira como se estivesse à sua frente; não como um anjo, um espírito de luz da esfera refletora, mas como a realidade viva do futuro homem celeste. Ele vê a imagem do homem original, que era, que é e que há de vir — o primeiro e o último. Ele recebe uma impressão do reino imutável, onde não há princípio nem fim. Assim, desenvolve-se, nesse momento, a situação característica e extremamente complicada do entrelaçamento entre a eternidade e o tempo, do direito de cidadania em dois mundos. De um desses mundos ele se despede como ancião. No outro ele ingressa, a princípio, como um ser indefeso.

Contudo, ainda que indefeso, o aluno está resguardado em Deus, na Gnosis, que o tocou.

Por isso, o convite que prediz o despertar na nova vida traz o selo da Sagrada Rosa-Cruz. Abre-se diante do aluno um novo campo aural, como uma veste branca resplandecente, uma rosa branca radiante, a veste branca dos que foram salvos pelo Cordeiro. Nessa rosa está a cruz áurea da vitória. A nova personalidade nasceu.

E, ó indizível bem-aventurança, *por este sinal ele vencerá!*

8

O convite às núpcias

No capítulo anterior, descrevemos a maneira maravilhosa pela qual Cristão Rosa-Cruz recebeu a carta que lhe foi entregue por um ser resplandecente e sobrenatural.

Essa carta continha o convite para participar das núpcias alquímicas, e dizia:

Hoje, hoje, hoje,
é o dia das núpcias do rei.
Se para nelas tomar parte hás nascido
e por Deus para a alegria eleito foste,
podes vir até a montanha
em que os três templos se encontram
e lá o milagre contemplar.

Sê vigilante!
Examina-te prudentemente!
Se te não purificares,
as núpcias podem causar-te dano.
Quem dos pecados não se lavar,
demasiado leve achado será!"

Como compreendereis, o dia das núpcias do rei, tal como é aqui denominado, é o verdadeiro retorno ao reino imutável, retorno esse apenas possível mediante a transfiguração do microcosmo inteiro. Por isso, a antiga Fraternidade falava de núpcias "alquímicas", uma indicação para a transformação alquímica perfeita da inteira realidade de ser humana.

Esse dia dos dias, essa festa, esse cântico da alma de fato anelante, é indicado na linguagem sagrada como o compêndio de uma vida nova, verdadeiramente divina.

Ao longo dos éons, a Fraternidade celeste faz soar seu chamado à humanidade mergulhada na noite, a fim de que esse dia chegue logo. Todavia, cada um deverá compreender que a participação nas núpcias apenas é possível após um convite e uma indicação pessoais. Esse convite pessoal é a chave da senda. O dia eterno da realidade divina está sempre presente, o cântico do amor divino e da vida celestial pode, invariavelmente, ser ouvido. Contudo, apenas os que por nascimento são chamados e eleitos para a alegria de Deus têm o direito de aspirar a essa montanha luminosa do Espírito.

Essa condição inegável também é mencionada na Sagrada Escritura. Infelizmente, essa chave da senda deu lugar, repetidas vezes, a deploráveis equívocos que deitaram raízes mais profundas do que nunca na noite da vida dialética.

Os místicos e também os religiosos segundo a natureza falam de predestinação, de arbítrio divino, segundo o qual uns estariam predispostos e aptos a percorrer a senda da luz, e outros não. O ocultista incorre no mesmo erro fundamental, tornando-se dependente de fraternidades e hierofantes luminosos, que, após o chamarem, o iniciarão e conduzirão à desejada nova vida. Tentaremos, pois, mostrar-vos um pouco da verdade a respeito dessa chave da senda, para que a verdade vos liberte de possíveis ilusões. Nenhum de nós depende de outros seres humanos, em se tratando das dádivas de Deus, para a salvação e a libertação.

- Se nos consideramos aprisionados, é a ilusão que nos aprisiona;
- se nos consideramos fundamentalmente dependentes de terceiros em nossa busca pela luz, é a ilusão que nos torna dependentes;
- se achamos que nossa senda para a libertação está bloqueada, é a ilusão do eu que nos acorrenta.

A alma humana é e sempre será um ser autônomo em qualquer situação em que se encontre. Podeis achar essa afirmação um tanto arriscada e apontar nossa dependência das leis e forças da natureza, bem como nosso aprisionamento fundamental à vida dialética. No entanto, todas essas considerações serão postas de lado tão logo compreendais o que significa a verdadeira liberdade. Para o ser humano dialético habituado às oposições naturais, liberdade é o contrário de limitação, portanto, independência. Contudo, para o transfigurista, liberdade é submissão à lei, à razão e ao cosmo; é o ingresso autônomo na realidade divina.

Todos os que liberam a senda em si mesmos são chamado para a festa das núpcias reais. Liberar a senda "em si mesmo" significa: tornar-se apto para receber o Espírito Santo, isto é, adequar-se a uma lei natural superior e ligar-se em liberdade a uma vida nova.

Portanto, o aluno deve, por assim dizer, nascer para essa nova possibilidade e realizar, ele mesmo, esse nascimento. Após isso ter acontecido, o aluno é chamado à outra vida. O Espírito divino, mediante assinatura clara, o escolhe para tanto.

Consideremos agora o teor desse novo nascimento e como ele se realiza. Conheceis o sistema do fogo serpentino de cada ser humano dialético. O sistema do fogo serpentino é a sede da vida, da consciência. Desse sistema partem: o pensamento, a vontade, o sentimento e a ação. Essa tão complexa fonte de vida ajusta-se muito precisamente ao mundo, ao campo de vida onde ela deve revelar-se. Esse equilíbrio entre o campo de vida e a vida mesma é *tão* absolutamente fundamental que uma perturbação entre eles levaria a uma catástrofe imediata.

O ser* aural, que subsiste através de todas as vidas, traz um registro exato de todas as experiências das vidas precedentes. Cada nova existência material no campo* de manifestação é uma continuação fiel do passado, em total harmonia com o campo de vida e o cosmo.

Portanto, a vida é sempre levada a movimentar-se dentro dos moldes do passado, do campo de vida e do cosmo. Daí a vida não pode passar, porque ela se origina da essência desta natureza, é *una* com ela, subsiste e perece com ela. Portanto, o raio de ação da vida não pode estender-se livremente em todas as direções. A vida encontra-se vinculada e apenas procura manifestar-se dentro desse raio de ação, seja para o bem ou para o mal. Nosso campo de vida oferece-nos a imagem das mudanças, ou seja, do subir, brilhar e desaparecer, a imagem das antíteses. Por conseguinte, nossa vida e nossa fonte de vida — o sistema do fogo serpentino — estão inteiramente em concordância com esse estado.

Essa é a nossa maldição, a ruína do gênero humano. Como alunos da Escola Espiritual, sabemos disso!

O que deve acontecer, se quisermos alçar-nos acima desta vida, desta maldição? Com toda certeza não será a constante vital no sistema do fogo serpentino, o eu, que poderá empreender com êxito outros métodos de vida. Com efeito, qualquer método de vida empregado por um ser humano é e sempre será um método originário do campo de vida, porque, como já foi dito, vida e campo de vida são inteiramente *unos*.

Se quisermos alçar-nos acima da maldição do gênero humano, outra fonte de vida, outra força vital não originária desta natureza terá de adquirir poder sobre o sistema do fogo serpentino, a fim de que a antiga vida seja primeiro afastada e, em seguida, anulada.

Denominamos isso de "a descida do Espírito Santo" ou "ser coberto pela sombra do Espírito Santo". O ser humano a quem foi permitido receber esse Espírito é nascido e chamado para as núpcias reais. Semelhante ser humano pode aspirar à montanha do Espírito. Por quê? Porque ele adquiriu, mediante o toque do novo fogo serpentino, o toque do verdadeiro fogo de Pentecostes, a ligação com outro campo de vida, com outro cosmo. Pela lei universal, ele é levado a viver e permanecer em harmonia com essa nova realidade mundial.

Assim, um estado singular de maravilhosa anomalia surge no ser que, em virtude de sua personalidade, se encontra neste campo de vida com um corpo de carne e sangue, porém, segundo o aspecto do fogo serpentino, já pertence a outro campo de vida. De semelhante ser, a Sagrada Escritura diz: "Está *no* mundo, mas já não é *do* mundo".

Todos nós compreendemos que, embora se origine do novo nascimento, esse estado é uma anomalia. A personalidade pertence a esta natureza, porém a vida, não. Eis por que *nesta* situação um processo ulterior deve revelar-se, pois a personalidade, que pertence a esta vida e se origina deste campo de vida, não está apta para o outro campo de vida a que o aluno foi chamado mediante o novo nascimento do fogo serpentino.

Por isso a antiga personalidade, o velho templo, deve ser demolida, e um novo templo edificado. Após o nascimento do novo fogo serpentino, deve desenvolver-se o processo da transfiguração. Assim, vemos que, ao ser colocado diante da transfiguração mediante o novo nascimento, o aluno pode, nesse processo, dirigir-se à montanha sagrada onde se encontram os três grandes templos. Lá, ele pode contemplar e realizar tudo do princípio ao fim.

Na Doutrina Universal se fala frequentemente desses três templos, ou *do* templo que deve ser edificado em *três* dias. Esses templos relacionam-se com a nova personalidade, que deve ser edificada no novo campo de vida. São eles: o novo templo da consciência, o novo templo do sangue e o novo templo do corpo material.

O toque do sistema do fogo serpentino pelo novo fogo serpentino não significa que o novo templo da consciência já esteja edificado. Esse templo, muitas vezes também chamado de árvore, a árvore da vida, deve erigir-se de forma nova, alta, vigorosa e sólida. Seus doze pares de ramos têm de brotar e cobrir-se de folhas totalmente diversas daquelas de nosso sistema nervoso.

Em conformidade com isso, deverá desenvolver-se um novo ser sanguíneo duodécuplo, a fim de que uma corporalidade glorificada possa erguer-se qual coluna no templo divino.

Desse modo, podemos finalmente verificar que o nascimento do Espírito Santo no fogo serpentino de nossa existência natural dialética é o começo do verdadeiro discipulado, o início do caminho da transfiguração.

Eis por que as núpcias alquímicas de Cristão Rosa-Cruz devem também começar desse modo. Visto que esse início revela uma anomalia existencial, isto é, a anomalia de estar neste mundo e já não pertencer a ele, uma advertência é feita ao aluno que se encontra nesse estado:

Sê vigilante!
Examina-te prudentemente!
Se te não purificares,
as núpcias podem causar-te dano.
Quem dos pecados não se lavar,
demasiado leve achado será!

Essa advertência é clara, pois nesta primeira fase do discipulado, as forças do antigo campo de vida esforçam-se para reapoderar-se do fugitivo. A medusa reveste-se de toda sorte de enfeites a fim de induzir o novo aluno a regressar.

A luz da antiga natureza pode, realmente, como diz Gustav Meyrink, brilhar como um sol branco, mas ai daquele ou daquela que adorar essa luz!

Todavia, quem for despertado pelo Espírito Santo, pela rubra aurora nascente, pode estender os braços e, assim, fazer do corpo uma cruz vivente. O fogo do Espírito envolve o aluno qual rosa áurea.

Quem nesse estado estender os braços verificará que mãos invisíveis tomarão as suas com o sinal da Ordem. Elas o integrarão na corrente viva que se estende ao infinito. O corruptível nele foi queimado e, mediante a morte da natureza, transformado em uma flama de vida. Ele encontra-se firme na rosa-cruz áurea, e libertou-se para sempre!

A maior parte dos buscadores encontra-se ainda, em seu discipulado, muito longe do nascimento do Espírito Santo. São ainda alunos do Átrio e foram chamados para esse nascimento. Eles poderão celebrá-lo quando, mediante o autoconhecimento, suspirarem pelo espírito da renovação e clamarem sequiosos pela corrente de água viva, assim como o cervo brama pelas correntes das águas.

Somente está maduro para o novo nascimento quem, como faminto e sedento do Espírito, já não se encontra no egocentrismo da vida dialética, porém no silêncio de um desejo livre do eu. Sobre essa base repousa o nascimento espiritual.

Se buscais com sagrada seriedade o Espírito da vida, então vós mesmos tereis de despertá-lo no sistema do fogo serpentino.

Se desejais conquistar o Espírito, tende a coragem de perder-vos a vós mesmos! Quem deseja contemplar o Espírito precisa transformá-lo de centelha em flama no próprio ser.

De que maneira? Percorrendo a senda da cruz, isto é, quebrando com as próprias mãos os grilhões da dialética.

Se estivermos nesse processo e oferecermos ao Espírito um estado de vida que desabrochou no silêncio de um desejo profundo e livre do eu, proveniente da nova fonte de vida, então o Espírito poderá viver e viverá pela eternidade.

9

O sonho de Cristão Rosa-Cruz – I

No capítulo anterior, esclarecemos o significado do convite recebido por Cristão Rosa-Cruz para assistir às assim chamadas núpcias reais. O conteúdo desse convite refere-se, como dizíamos, a um estado de ser que pode ser descrito como um novo nascimento, porém um nascimento com aspectos altamente notáveis.

Com efeito, esse estado de ser relaciona-se com uma nova irradiação do fogo serpentino, a qual, primeiro, suprime a velha realidade de consciência, para em seguida substituí-la.

Falamos igualmente de certa anomalia, indicada na Sagrada Escritura como "estar no mundo, porém já não ser do mundo".

Poderíamos falar de uma nova força, que aparece em um templo fundamentalmente impróprio com a exigência fundamental absoluta de apenas utilizá-lo de maneira muito temporária. Uma nova morada terá de ser preparada, de aspecto e natureza completamente outros, correspondentes a outro cosmo, a outro campo de vida e a outra radiação de força.

Como consequência inevitável desse empenho, o antigo templo terá de ser demolido. Em outras palavras: o novo nascimento, já explicado no capítulo precedente, é o prelúdio, o início de um trabalho grandioso de demolição e edificação; é também o começo de um segundo nascimento; em suma, um campo de atividade denominado, através dos tempos, "transfiguração", "núpcias alquímicas" ou ainda "maçonaria".

A primeira etapa da senda consiste no empenho de irromper nesse estado elementar, isto é, na nova comunidade do fogo serpentino, que pode ser denominada primeiro nascimento. Esforçamo-nos por esse primeiro passo na Escola Espiritual. Sabemos que ele pode ser efetuado mediante a tomada de consciência de nosso estado pecaminoso, ou autoconhecimento, que provoca a reação humana natural de negar a dialética e dizer um "não" absoluto a este mundo. Além disso, deve existir a compreensão básica da finalidade do gênero humano original.

Nesse primeiro processo da gênese original, nada vemos ainda de transfiguração, e sim de transmutação. Por transmutação entendemos o fato de tornar o inteiro microcosmo apto para o início da transfiguração. A transmutação consiste em uma purificação contínua do ser dialético, um acúmulo e uma classificação de novos materiais de construção.

Tão logo se realize esse trabalho no primeiro nascimento, o candidato ingressa na segunda fase. Nela, sua atenção é fixada em despedir-se do velho templo e do antigo campo de vida, e em construir o novo templo, o templo original do gênero humano.

No início da terceira fase, esse grandioso trabalho é realizado. O candidato volta a ser a alma vivente de outrora. Ele segue então o glorioso caminho que conduz da alma vivente ao Espírito vivificante.

É natural que o aluno que inicia a senda sinta o desejo íntimo de ser revestido de sua morada original. No entanto, para sua consciência torna-se claro que antes deverá ser realizado o trabalho de transmutação no velho templo, ou seja, o "estar no mundo, porém já não ser do mundo". Portanto, o aluno não ficará parado em uma exaltação doentia, olhando fixamente para a meta final da senda. Embora conheça essa meta, ele se concentrará no presente.

Ele sabe que o "logo" virá, mas que apenas o "agora" é atual. Sabe também que este "agora" é uma bem-aventurança, embora evidentemente imperfeita à luz da meta final. Por isso, sente-se satisfeito com o que é, não por presunção, mas devido ao "agora" atual, vivo e vibrante, onde há tanto a fazer para outros e para si mesmo. Eis por que o Sermão da Montanha põe diante dos alunos na senda o "agora" atual: "Não vos preocupeis com o dia de amanhã!"

A maior parte de nossos companheiros de infortúnio nesta marcha do mundo corre atrás do futuro, perseguindo-o, e foge do "agora" com pânico e medo.

Devemos compreender que a eternidade pode e deve ser alcançada no "agora". Quem pode celebrar a glória do primeiro nascimento do fogo serpentino — ainda que em um corpo alquebrado pela dor, velhice e tristeza, no jogo cruel dos opostos — está na luz inabalável da eternidade e rejubila-se na alegria do eterno "agora".

Já conheceis esta alegria do "agora"? Sentis que estais no inabalável, na corrente viva que vai daqui até a eternidade?

Não vos alegreis cedo demais com superficialidades, pois tereis decepções se vossa pedra angular não for suficientemente forte. Cuidai, também, para não disfarçardes o "agora". Há seres humanos que querem ocultar seu "agora" miserável e obscuro por trás de aparências e falsidades, fixando incessantemente sua atenção no "agora" alheio.

Antes de poder experimentar a alegria eterna da nova realidade, tereis de sofrer, de modo consciente, a dor e a cisão do presente, do qual vós e vossos companheiros de destino desejaríeis fugir. A criatura dialética é uma alma muito dividida; não pode alimentar-se dos frutos da árvore da vida, mas deve contentar-se com os frutos da árvore do conhecimento do bem e do mal.

O bem no ser humano não é um valor estático, porém efêmero. Não é essencial, não é um material com que se possa modelar pedras para a construção. Ele é o oposto fugaz e inverossímel do mal fundamental, de sua inteira realidade de existência. Sabemos disso, mas acaso o reconhecemos diante do tribunal interno? Essa é a exigência da lei do autoconhecimento. Cumprida essa lei, encontramos a chave da senda.

Desde o passado até os dias de hoje, todos os mistérios nos têm transmitido essa exigência: a confissão plena do próprio estado diante do tribunal interno. Tal confissão do "agora" deve preceder o *agora,* e sobre ela Paulo diz: "[...] porque já aprendi a contentar-me com o que tenho!"[9] Os antigos místicos denominavam a isso *confissão de culpa*. Contudo, quão erroneamente o verdadeiro sentido disso foi compreendido! Em nossa civilização, a confissão de culpa é tática aplicada de diversas maneiras, para obter-se, com sua ajuda, a absolvição do castigo ou uma posição melhor, ou então uma situação mais vantajosa para alcançar determinado objetivo.

Todavia, quando a Escola Espiritual vos fala da atividade da lei do autoconhecimento, ela quer dizer algo muito diferente. Não se trata da confissão de escândalos sociais, devassidão, hipocrisia ou materialismo excessivo, pois quem ainda se encontra nesse estado não pode aspirar ao templo da iniciação. Esses devem ser redimidos pelo Exército da Salvação ou outra instituição qualquer. O Átrio da Rosa-Cruz não é uma instituição para indivíduos indignos, social ou moralmente falando. Com isso não queremos dizer que não sentimos comiseração por essas criaturas ou que não se deva auxiliá-las.

A Escola da Rosacruz não é para criaturas perfeitas, pois pessoas sadias não necessitam de médicos, porém é destinada aos *efésios,** ou seja, seres humanos com certo nível ético de vida, que

[9] Filipenses 4:11.

realmente vivem segundo normas morais, sociais e místicas elevadas e inteligentes. Somente a eles é permitido o ingresso na Escola.

E por quê? Porque os considerados indignos, em sentido dialético, ainda necessitam de expansão dialética. Principalmente, compreendei-o bem, porque estão curvados sob um carma, um peso cármico, que apenas pode ser eliminado nesta natureza e em situações dialéticas. Um ser humano com semelhante "carma", com semelhante situação no ser aural, não pode saltar nenhuma etapa, muito embora possa ser auxiliado por fraternidades de determinada natureza.

A lei do autoconhecimento relaciona-se apenas a quem já se encontra no limite de seu campo dialético de ação ou a quem se pode dizer: "Eu sei as tuas obras, e o teu trabalho, e a tua paciência, e que não podes sofrer os maus; e puseste à prova os que dizem ser apóstolos e o não são, e tu os achaste mentirosos. E sofreste, e tens paciência; e trabalhaste pelo meu nome, e não te cansaste".[10]

Esses seres humanos, que por atos de amor e esforços sinceros chegaram até os limites de suas possibilidades, e martelam os muros para encontrar a passagem, devem agora compreender o porquê da existência desses muros, e também de que altura caíram, ou seja, da altura da vida original, da montanha do Espírito.

Eles devem compenetrar-se da completa limitação do conhecimento e da estrutural e fundamental imperfeição de seu estado natural dialético. Devem sofrer a dor de seu estado, não com emoção, lágrimas ou autocomiseração, mas com plena consciência, à luz do conhecimento subconsciente da realidade divina.

Quando os antigos mistérios falam da existência de profundo abismo, do rio da morte, do Estige, que se situa entre o aqui e o templo da iniciação, deveis compreender que se trata do abismo fundamental entre a dialética e a realidade divina. É desse abismo

[10] Apocalipse 2:2–3.

que o aluno deve estar consciente, é desse abismo que o aluno deve sentir-se *culpado* e confessá-lo sinceramente ante o tribunal interno.

Por que estar consciente da culpa? Não é suficiente estar apenas consciente?

Estar consciente seria apenas a experiência dos entraves, enquanto estar consciente da culpa é algo muito mais profundo. Assim, o efésio rememora como renegou seu primeiro amor, seu estado de alma vivente na realidade divina, sentindo plenamente a "altura estonteante de onde caiu". Por isso, consciência de culpa não deve ser para ele apenas uma "experiência", porém uma "conversão", o retorno à plenitude da realidade divina do amor. Quem tem ouvidos, ouça o que o Espírito diz às igrejas!

Quem tem ouvidos, e compreende, e age em concordância com isso, a ele vem o barqueiro do Estige para levá-lo até o outro lado do rio da morte. Quem, como efésio, possui a jóia áurea da pré-memória é chamado dia após dia para as núpcias reais. Ele encontra-se na margem de seu rio, com a cabeça inclinada e os braços dispostos em cruz.

Ele sente-se como Cristão Rosa-Cruz após receber o convite. Um suor frio lhe brota de todos os poros. Apesar de bem saber que se trata das núpcias anunciadas anteriormente, ele não imaginava que elas seriam celebradas em condições tão difíceis.

Ao mesmo tempo, percebe seu engano grosseiro, sua cegueira, as limitações de sua personalidade, de sua atitude de vida e de seu amor fraterno ao próximo. Sente, igualmente, sua ligação com a natureza comum.

Assim, pairando entre a esperança e o medo e examinando-se sem cessar, encontra apenas fraqueza e imperfeição. Por fim, decide-se a seguir seu caminho habitual. Pronuncia, assim, uma fervorosa oração e deita-se para dormir, na esperança de que a orientação divina lhe fale em sonhos, o que — Deus seja louvado! — realmente acontece.

É um fato real que todo candidato, antes de ser convidado para as núpcias, é informado sobre esse acontecimento com cerca de sete anos de antecedência. Não deveis pensar aqui em 7 vezes 365 dias, mas em um ciclo ou período determinado de preparação, que pode ser lido nos centros sensoriais da própria esfera aural.

Trata-se de certo estado de toque do candidato pela Fraternidade mediante o qual ele viverá. Seu "agora" é caracterizado por acontecimentos extraordinários; ele é preparado para a senda. Quando, pois, chega o convite, o aluno encontra-se à margem de seu Jordão, com a consciência de culpa gravada profundamente em seu ser. Pairando assim entre a esperança e o medo, ele vai ao encontro do sonho do sono.

Não deveis cometer o erro fundamental de associar esse sono e suas consequências com o que entendeis por sono e sonho.

Cristão Rosa-Cruz não permaneceu no sofrimento de sua consciência de culpa. Quando a experiência é profundamente gravada no ser, ele não cogita em continuar a torturar-se, coisa a que os místicos estão habituados, mas passa para um estado de absoluto repouso, o estado do "não fazer", mencionado por Lao Tsé. É o estado de: "Não se faça a minha vontade, mas a tua!"[11] Trata-se aqui de ingressar no estado indicado pelo salmista como "o esconderijo do Altíssimo".

Aquele que habita no esconderijo do Altíssimo,
à sombra do Todo-Poderoso descansará.
Direi do Senhor: Ele é o meu refúgio e a minha fortaleza!
Porque ele te livra da armadilha da natureza,
e de um estado pernicioso.
Ele te cobre com as suas penas,
e debaixo das suas asas encontras refúgio;
a sua verdade é inalterável.

[11] Lucas 22:42.

Tendo pernoitado nesse esconderijo, o candidato vê aproximar-se o barqueiro que o levará para o outro lado do rio.

10

O sonho de Cristão Rosa-Cruz — II

No capítulo anterior, quando nos referimos às núpcias alquímicas de Cristão Rosa-Cruz, dissemos que todo candidato às núpcias é informado, com sete anos de antecedência, que irá receber o convite definitivo. Não devemos, com isso, pensar em 7 vezes 365 dias, mas em um período de preparação, cujos sinais podem ser lidos nos centros sensoriais do ser aural. Trata-se aqui de um processo de trabalho e de toque da Fraternidade, o qual antecede o nascimento do novo fogo da alma.

Contudo, quando o convite chega, o candidato sempre se encontra em grande confusão. Ele verifica em si mesmo, como o compreendereis, incompreensão, ignorância e muitas outras faltas. Os véus da ilusão não cedem tão facilmente. Assim, o aluno encontra-se à margem de seu Jordão, com a consciência de culpa gravada profundamente em seu ser. Pairando entre a esperança e o medo, ele vai ao encontro do sonho do sono.

Esse sonho nada tem a ver com o sonho natural, comum, que conhecemos, mas refere-se a um estado de absoluto repouso, ao estado consciente do "não ser" do qual fala Lao Tsé, ou o estado de "Não se faça a minha vontade, mas a tua!", revelado por Jesus, o Senhor, no Jardim de Getsêmani, ou ainda, o estado de total abandono do eu, proclamado por Buda.

Nessa situação, o candidato já adquiriu certa experiência, que lhe esclarece perfeitamente a razão e a finalidade do convite.

Primeiro, Cristão Rosa-Cruz vê diante de si a realidade do mundo dialético, onde está encerrado com inúmeros outros, como em uma prisão. Ali a treva é completa, por isso o sentido da visão é negativo. Apenas percebendo trevas por toda parte, apura o ouvido, e com seu auxílio se torna possível uma orientação muito especulativa.

Então Cristão Rosa-Cruz percebe que está acorrentado, e os ouvidos lhe dão a entender que seus companheiros se acham em condição idêntica. Por toda a parte há ruídos de correntes, gemidos e suspiros, pessoas lutando para subir por cima das outras, a fim de obter mais espaço e mais ar. Incessantemente soam acusações recíprocas, cada uma atribuindo à outra a causa da própria desdita.

Sem dúvida, reconheceis plenamente essa situação. Devido a seu estado, nenhum ser humano tem a menor visão positiva da libertação final do gênero humano. Todos se entregam a especulações, e, dessa forma, reinam confusão indizível e sofrimento atroz. Muros de prisões e correntes são o quinhão de todos.

Nesse estado, Cristão Rosa-Cruz ouve, de repente, o clangor de muitas trombetas e o rufar de tambores, enquanto ao mesmo tempo um clarão de luz brilha na prisão. Aqui é dirigida a atenção para o trabalho da Fraternidade, que se encontra ativa neste mundo a fim de mostrar aos buscadores a senda para a pátria perdida e auxiliar os candidatos a percorrê-la.

Atualmente, a trombeta é um instrumento de sopro, feita geralmente de cobre, que produz um som forte como o do tubo de um órgão de igreja. Contudo, com a palavra trombeta a sabedoria antiga indica algo bem diferente.

Sem dúvida alguma, a trombeta da sabedoria antiga produz um som, um clangor, porém não devemos pensar em um instrumento de metal. O toque de trombeta dos mistérios é produzido pelos servos da Fraternidade e relaciona-se com uma vibração produzida de modo consciente, que aumenta gradativamente de um mínimo até um máximo, para depois dissipar-se lentamente em suave murmúrio. Essas vibrações são produzidas com a finalidade de irromper na realidade mundial dialética. Quem ouve o som dessa trombeta passa por uma experiência muito singular, que palavra alguma é capaz de descrever.

Sob essa mesma luz deveis compreender o rufar dos tambores. Não deveis pensar em tambores comuns, usados em cerimônias religiosas da antiguidade ou empregados na música marcial. Pensai, antes, que com o ressoar da trombeta se ouve simultaneamente o rufar dos tambores. Geralmente, fala-se de dois tambores, que dão duas notas dominantes da peça a ser executada.

O toque da trombeta é um chamado vibrante da Fraternidade, que penetra nos mais profundos escaninhos das trevas. A batida dupla dos tambores simboliza o fato de que o ser humano que possui alguma abertura é tocado com grande força — por assim dizer, ao ritmo da batida do coração — nos aspectos positivo e negativo de sua realidade de ser.

Então, e não poderia ser de outro modo, um raio de luz desce no cárcere. De maneira psicológica totalmente correta, Cristão Rosa-Cruz experimenta a fase seguinte de sua visão. Quando somos obrigados a suportar a marcha do mundo terrestre, e ao mesmo tempo somos inteiramente unos com esta natureza, as trevas fundamentais abrandam muito do horror com seu manto de veludo. Contudo, quando um raio da luz divina ilumina nosso cárcere, vemos e experimentamos a monstruosidade desse horror em toda a sua plenitude e realidade.

Portanto, quando um aluno da Escola descobre seu estado, isso é consequência de a luz da Fraternidade ter irrompido em seu ser mediante o toque de trombetas e o rufar dos tambores.

Quem aceita a natureza da dialética apenas dogmaticamente ainda não passou por essa experiência. Ela é uma graça e realiza, em fração de segundos, o que toda uma vida de estudos e reflexões não pode realizar. O aluno vê e sente, do imo, a marcha infernal da natureza terrestre; ele vivencia a marcha circular das aflições de maneira *tão* completa e direta que a filosofia da dialética se torna para ele tão somente a confirmação de um conhecimento de primeira mão.

A sabedoria antiga denomina essa graça da descida de um raio da luz no cárcere: "A luz reveladora do amor divino", graças à qual o aluno vê e vivencia seu próprio estado, bem como o do mundo. Vivencia-os tão intensamente que, como Cristão Rosa-Cruz, não se sente em condição de descrever o caos de horrores.

Então se segue uma página muito triste do livro da vida da alma tocada por essa luz. Disso Johann Valentin Andreæ nos dá uma descrição com grande e profunda honestidade. Quando a alma contempla pela primeira vez sua realidade de ser à luz da Fraternidade, ela estremece de horror. Em pânico, sua primeira reação é o instinto de autoconservação. Ela espera pela libertação, busca a liberdade. Instintivamente, ela tenta conseguir a melhor posição possível e luta pelos primeiros lugares.

Assim também procede Cristão Rosa-Cruz. Ele também não hesita e arrasta suas pesadas cadeias, desliza por debaixo dos outros até conseguir colocar-se sobre uma pedra. Várias vezes é agarrado pelos companheiros, mas defende-se com mãos e pés da melhor maneira possível. Como aluno no caminho, Cristão Rosa-Cruz confessa essa fase triste da vida com muita sinceridade. Nada do comportamento humano lhe é estranho.

Todos nós buscamos conseguir, agora ou no passado, uma base, uma pedra, sobre a qual pudéssemos ficar após nossa autodescoberta. Quantos existem ou existiram que querem ou quiseram arrastar-nos do lugar onde estamos! Não é fato que muitas vezes aceitamos a luta pela autoconservação? Apenas após ser aconselhado muitas e muitas vezes pela Fraternidade de que essa luta é funesta, de que toda contenda deve cessar, o aluno está preparado para receber o auxílio ulterior. O aluno ouve falar que sete cordas serão baixadas no cárcere, e quem puder agarrar-se a uma delas e nela permanecer pendurado será libertado.

Com efeito, a Fraternidade, que invade este mundo com toques de trombetas e rufar de tambores, sempre atua de maneira sétupla a fim de salvar os que forem considerados prontos para isso. Esse método sétuplo é descrito com detalhes no livro *A Gnosis universal*,[12] por isso julgamos desnecessário falar novamente a respeito disto.

Queremos apenas dirigir a atenção para o fato de que Cristão Rosa-Cruz é libertado do cárcere pela sexta corda, depois da vivificação do sexto círculo plexial. Então ele descobre uma ferida na fronte, causada por uma pedra pontiaguda durante a subida da corda, e o sangue que dela sai lhe mancha as vestes. A ferida na fronte é um símbolo glorioso, é a prova de que uma nova alma nasceu; que um novo fogo serpentino pôde ingressar no sistema espinal.

No Evangelho, a ferida na fronte é denominada "o sinal do Filho do homem", com o qual são selados os servos do Senhor, e graças ao qual eles são salvos de todos os perigos dialéticos. Esse selo é o símbolo do novo tipo humano de que já falamos tantas vezes, isto é, o ser humano que, embora possua uma personalidade dialética, está de posse de um novo fogo da alma, encontrando-se desse modo em condição de seguir a senda do renascimento.

É esse o grandioso milagre que o sonho de Cristão Rosa-Cruz quer que compreendamos: não é apenas a criatura perfeita que pode trilhar o caminho, mas ele também é franqueado aos imperfeitos, aos enredados na imperfeição.

O candidato descobre a razão desse chamado, desse convite, quando chega ao estado de ausência do eu. Ele não é chamado

[12]Rijckenborgh, J. van. *A Gnosis Universal.* São Paulo: Lectorium Rosicrucianum, 1985.

para ingressar imediatamente na perfeição. Contudo, após ter sido chamado, ele é posto em condição de nela ingressar, depois de longo processo que tudo abrange. Por conseguinte, o candidato não é chamado para a meta final, pois com toda a certeza não estaria preparado para ela. No entanto, é posto em condição de manter-se na senda e trilhá-la. Portanto, ele é chamado para um processo de santificação.

A libertação do cárcere, o enobrecimento para o novo tipo humano, estabelece um novo princípio, ou seja, o princípio de uma senda onde grandes dificuldades, perigos e muitas complicações aguardam o aluno.

Entretanto, há grande diferença entre essa nova situação e a puramente dialética! No giro da dialética, o aluno está diante de lutas estéreis, que de uma forma ou de outra retornam sem cessar. No novo estado de alma, cada dificuldade vencida é uma vitória definitiva, uma pedra para a edificação da nova realidade de ser. Eis por que o sonho de Cristão Rosa-Cruz lhe proporciona grande e intensa serenidade.

Pela mão da Fraternidade de Cristo, o aluno é libertado de suas correntes fundamentais. Quando descobre que elas o feriram e seu andar tornou-se defeituoso, é-lhe dito:

> *Meu filho, não te importes com essa enfermidade, porém pensa em tuas fraquezas e agradece a Deus que te permitiu, já neste mundo e apesar de tua imperfeição, participar de tão grande iluminação. Guarda essas feridas por amor a mim!*

Verificamos, portanto, que a visão do sonho de Cristão Rosa-Cruz tem por objetivo esclarecer, de modo inteligente, em que momento a senda deve começar para o candidato, e com que estado de ser.

É necessário que exista:

1. a experiência do aprisionamento nas trevas;
2. essa mesma experiência mil vezes mais concentrada por efeito da luz reveladora da Fraternidade;
3. a superação do pânico e das manifestações egocêntricas de autoconservação;
4. o repouso do *não ser,* livre do impulso dialético de libertação, e a ausência de medo e desespero;
5. a descida do novo fogo da alma no sistema espinal, qual nova mão estendida da Fraternidade;
6. o ingresso na senda;
7. finalmente, a recuperação da liberdade para tornar-se novamente filho de Deus.

No final dessas considerações, demoremo-nos ainda um instante na ferida sangrenta na fronte, o selo da nova vida.

Essa ferida simboliza o esvaimento da velha essência da alma, com dores, aflições e intensa luta, enquanto o novo sangue, a nova essência da alma da Fraternidade de Cristo, toma o lugar da antiga natureza. Beber dessa água viva da Fraternidade é beber da taça de ação de graças, que abençoamos agradecidos, uma comunhão com o sangue de Cristo. Todo aluno deve compreender que não pode beber ao mesmo tempo da taça do Senhor e da taça da natureza dialética. Não se pode servir a Deus e a Mâmon.

Por isso, antes de tudo é preciso dizer um adeus absoluto a esta natureza, em total ausência do eu, já não se refrigerando na taça da maldade, a fim de que o velho fogo serpentino possa esvair-se e o novo vinho possa ser recebido no cálice preparado para o Senhor.

II

O MISTÉRIO DO SANGUE — I

Todos conhecem o importante papel que o sangue desempenha na vida, bem como sua fundamental significação. Sem essa tão preciosa essência, a vida e todos os seus fenômenos seriam inconcebíveis. A natureza e o estado do sangue são de importância tão fundamental para a atividade vital imediata e futura que, através de todos os tempos, a ciência, a religião e toda a vida em sociedade não somente aceitaram esse princípio básico, como ainda se baseiam nele para todas as experiências.

No campo da metafísica, vemos o animista realizar suas cerimônias e seus sacrifícios sangrentos, e igualmente ouvimos de um dos clássicos pregadores do cristianismo: "O sangue de Jesus Cristo nos purifica de todo o pecado".

Nos mitos e lendas sagrados, lemos o modo pelo qual os grandes enviados da Fraternidade Universal derramaram seu sangue pela humanidade. Os mistérios metafísicos dizem-nos enfaticamente que essa efusão de sangue desencadeou uma corrente de forças tão grande que retirou das garras da natureza todos os que a receberam.

Sabemos que não existem duas criaturas iguais, e todas essas diferenças de aptidão, caráter e natureza se originam do sangue, do estado do sangue. Contudo, podemos distinguir várias relações nessa quase infinita variedade. Sabemos que existem diferenças sanguíneas entre povos e raças, entre as raças branca, amarela, vermelha e negra, entre vários grupos e classes sociais, entre milhões de famílias humanas; e nas famílias, entre seus vários membros.

Assim como há grupos sanguíneos distintos, fato que a ciência médica reconhece, também existem, inegavelmente, cinco grupos humanos fundamentais que são levados em conta pela ciência transfigurística. Seja como for, existe em toda a humanidade uma aspiração absolutamente idêntica, isto é, o impulso primordial para chegar à cultura do sangue e, por esse meio, à transformação desse sangue. Esse é o impulso primordial da existência humana.

Inúmeros e distintos são os meios pelos quais se deseja chegar a essa transformação, embora o impulso seja sempre o mesmo. Não há diferença essencial entre a criatura que se entrega à transfusão de sangue ou à purificação do sangue através de medicamentos, com o auxílio do médico como intermediário, e os seres que desejam ser purificados e auxiliados pelo sangue de Jesus Cristo, com o auxílio de uma escola ou de uma autoridade sacerdotal. Em ambos os casos trata-se de transfusão de sangue. O serviço de transfusão de sangue da Cruz Vermelha e o desta ou daquela instituição eclesiástica têm muitos pontos em comum.

O ser humano que deseja melhorar seu estado por meio do casamento; o ser humano que modifica sua alimentação por razões conhecidas; um governo que proíbe a mistura de sangue entre brancos e negros; uma igreja que proíbe o casamento misto; um grupo que celebra a Santa Ceia; uma igreja que mantêm seus adeptos aprisionados à custa de magia e incenso; em suma, todas as instituições que se esforçam por objetivos de cunho cultural, metafísico, ocultista, transfigurista, provam que estão possuídas do mesmo impulso primitivo.

Por isso é necessário que também nós, na Escola Espiritual, reflitamos particularmente sobre o mistério do sangue e determinemos em que ponto estamos nessa agitação geral. Devemos compreender que devido às exigências do sangue, nada do que é humano nos é estranho.

Temos a obrigação de empreender esse estudo, como profunda reflexão que penetre fundo em nosso ser, pois durante os últimos anos ideias estranhas têm circulado pelo mundo, e a humanidade é movida por misterioso impulso, ao qual tenta reagir. Como criaturas inteligentes, consideremos os acontecimentos mundiais em sua conexão. Se lançarmos uma retrospectiva sobre a década de 1920/1930, saberemos que, com o advento do nazismo e do fascismo, surgiu simultaneamente e ideia do povo prometido, da raça superior, dominante, que guiaria o mundo.

Personagens como d'Annunzio, na Itália, e Rosenberg, na Alemanha, eram os pregadores das ideias romanas e germânicas, respectivamente. Sabeis disso, e talvez elas vos tenham feito estremecer, porque sentistes até o sangue as poderosas forças desencadeadas pela pregação dessas ideias.

Já observastes que a mesma ideia vive fortemente no povo inglês? Sabeis que há um grupo poderoso e dominante na Inglaterra que se baseia na ideia de que o povo inglês será o novo Israel prometido? E que, para apoiá-la, esse grupo apresenta inúmeras provas ditas científicas?

Sabeis que Rosenberg fez o povo holandês e alguns povos vizinhos da Alemanha participar da ideia germânica, e que assim a Holanda também se achou implicada na ideia anglo-saxônica? Segundo essa estranha, mas em todo caso explicável ilusão, os Países Baixos também seriam uma tribo do povo prometido. E, se essa ilusão resultasse em uma crise social, é fácil imaginar que, indubitavelmente, as nações irmãs procurariam "salvar" os Países Baixos, com todas as consequências.

Percebestes que essa mesma ideia de "povo do futuro, ordenado por Deus," também existe na América? Podeis verificar amplamente a verdade disso na literatura americana. A atual posição dominante da América explica-se, naturalmente, pela situação político-econômica mundial. Todavia, aproveitando-se dessa oportunidade, o mito americano abre seu caminho.

Da mesma forma como se recrimina aos alemães por se julgarem uma raça superior, pode-se igualmente dirigir a mesma recriminação aos ingleses e americanos. Para estes últimos, a Europa nada mais é do que um montão de cinzas, sobre o qual se elevam a democracia e a supremacia americanas. Milhões de pessoas no mundo já se curvam humildes ante o titã americano.

Sobretudo no terreno da metafísica, da religião e do ocultismo, a América lidera cada vez mais, e atualmente é ela quem exerce a mais forte influência no Vaticano. Podeis, por exemplo, ler na obra *Vida e ensinamentos dos mestres do Extremo Oriente,*[13] da autoria de Baird Spalding, como todos esses mestres, sem exceção, referem-se à nação americana como "o povo que há de vir e virá".

Atentai, em seguida, à ideia russa, que, com tremenda força, se projeta sobre o mundo. Diferente no caráter e na aparência é o mito da futura raça de cultura eslava. Estudai a literatura russa, observai todos os fenômenos e sabereis.

Sabeis que na nova China também se desenvolve um movimento de natureza análoga? Dizem os chineses: "Somos a raça que possui a cultura mais antiga. Toda a sabedoria, força, beleza, bondade, verdade e justiça estão contidas em nosso povo. Somos numerosos como os grãos da areia do mar. Despertemos e ofereçamos ao mundo inteiro nossas bênçãos!"

Se quiserdes ouvir e investigar objetivamente, descobrireis que quase todos os povos estão sendo tomados, sempre com maior força, pela ideia: "somos o povo prometido!" Em muitas nações, como as supramencionadas, essa ideia foi lançada e vigorosamente propagada na literatura, na arte, na ciência e na religião.

---

[13]Spalding, B.T. *Vida e ensinamentos dos mestres do Extremo Oriente.* São Paulo: Pensamento/Cultrix, 2000.

Portanto, tudo isso demonstra que se trata de certo impulso misterioso que se apoderou de toda humanidade e ressoa no sangue. Em virtude da grande diversidade dos estados sanguíneos, todas as criaturas, grupos, raças e povos reagem de modo diferente a este único e poderoso impulso. Eis por que devemos examinar se existe, entre tantas reações sanguíneas, a possibilidade de encontrarmos a verdade essencial; se, entre todas as cintilações dessa imagem sanguínea tão dividida, ainda é possível libertar a verdade. Nesse exame, não poderia nosso próprio sangue pregar-nos uma peça? Seríamos ainda capazes de tirar conclusões e ver as coisas objetivamente? Não seria nossa inteira filosofia uma ilusão proveniente de nossa imagem sanguínea? Não seria melhor nos confiarmos à marcha dos acontecimentos, já que somos incapazes de tirar os véus da verdade?

Há neste mundo uma avalanche de ideias: ideias tolas, primitivas, imorais, criminosas, opressivas, terrificantes, belas, boas e elevadas. Embora se oponham umas às outras em muitos aspectos, há em todas elas um elemento de verdade, uma grande e profunda sinceridade. São os gritos do sangue!

Seria possível achar um caminho? Seria possível ouvir, em meio a essa avalanche selvagem de ressonâncias sanguíneas, o som claro e argênteo da verdade?

Há duas possibilidades, apenas duas! A primeira é a de conseguir encontrar a única verdade libertadora; a segunda é a de não encontrá-la.

Segundo nosso ponto de vista, a humanidade dialética já não se encontra em condição de perceber objetivamente. Nosso estado de ser impede isso definitivamente. Em virtude da qualidade de nosso sangue e suas consequências, já não somos capazes de ver brilhar no horizonte a verdade divina, Ísis. Por isso, sempre nos foi dito, por entidades que nos querem ajudar, que devemos seguir o caminho da experiência. Devemos descobrir a verdade mediante a experiência. Não há outra possibilidade para nós.

Eis por que na Escola da Rosacruz se reúnem seres humanos que possuem uma qualidade sanguínea mais ou menos semelhante. Eles formam um grupo que, guiado por uma ideia preparada de certo modo, se encontra no caminho em busca da verdade, que se prepara para ela. Conseguirão? Estarão no bom caminho?

Impelidos pelo sangue, estamos inclinados a dizer *sim,* mas não poderia ser isso uma ilusão? Alguns dizem ter conhecido a verdade, tê-la visto e ouvido sua voz, e afirmam conhecer o caminho. Contudo, seria isso real? Não poderia isso acabar em decepção? Todos seguem a voz do sangue, a voz que encontra ressonância no sangue, a qual, distorcida de certa maneira, adquire determinado caráter.

Mostramos que toda a humanidade é agitada até o sangue por um poderoso impulso. Poderíamos designá-lo como o impulso da renovação. Suspenso sobre nossos países como uma atmosfera que inalamos, nosso sangue é agitado por ele, e assim reagimos. As reações são várias e contraditórias, mas a humanidade reage e se movimenta.

Desde o início do século XX, esse movimento tornou-se cada vez mais forte e aumenta como o rumor de muitas águas. Temos sempre a tendência de considerar como justas unicamente as nossas reações e de recriminar as dos outros. Contudo, devemos observar que, embora devamos ser libertados pela verdade, somente a experiência nos fará conhecê-la.

Portanto, não há sentido algum em dizer, entre as inúmeras reações sanguíneas: "A nossa reação é a única verdadeira!" Podemos apenas apresentar-vos nossas reações por meio de palavras, escritos e exemplos. Podemos apenas dizer-vos: "Vinde e vede!" Podemos apenas convidar-vos a partilhar de nossas riquezas e investigar o que descobrimos.

E vireis, se sentirdes no sangue certa afinidade conosco, se a imagem nele contida possuir determinados pontos harmônicos com a nossa. E, se vierdes, experimentareis certa medida de felicidade, de alegria, como sempre acontece quando almas semelhantes se encontram. Se não vierdes, aventurar-vos-eis segundo outra linha de reação sanguínea. Vós o fareis, pois sois *obrigados* a fazê-lo, não podeis agir de outra maneira.

Prestai agora atenção no que ides ler! A humanidade inteira reage de diferentes modos a certo impulso atmosférico misterioso. Isso pode ser provado. Alguns indivíduos dão crédito ao mito germânico; outros, ao russo; outros ainda, ao romano, ao anglo-saxão, ao americano ou ao chinês. Existe um esmagador número de provas, podendo-se acrescentá-las às centenas, de que a humanidade inteira reage ao impulso de uma renovação futura. Esse impulso é, por assim dizer, inalado e provado, portanto, percebido sensorialmente. Não seria o caso de vermos em tudo isso a realização de maravilhosa profecia registrada na Sagrada Escritura universal?

Deixai vosso sangue falar claro. É-nos dito nessa profecia que Cristo voltará na atmosfera, nas nuvens do céu, e que todo olho o verá! Deixai vosso sangue falar agora! Não seria esse poderoso impulso de renovação, que tudo toca e que todos nós sentimos sensorialmente, o impulso de Cristo, essa força universal que envolve o mundo inteiro e o impele a uma reação? Somos compelidos; a humanidade inteira está em movimento, e há um rumor de muitas águas. Vosso sangue é obrigado a falar, não podeis evitá-lo.

A Escola Espiritual apoia-se sobre um grupo de seres cuja estrutura sanguínea é afim. Se a voz de vosso sangue vos der provas de que sois um dos nossos, então, juntos, de conformidade com a senda de nosso sangue, reagiremos ao impulso que surgiu na atmosfera e não nos dá descanso nem de dia nem de noite. Por-nos-emos a caminho, a fim de experimentar a *ideia* que surgiu atmosfericamente. Iremos a seu encontro nas nuvens do céu.

Reagindo, verificaremos, pela experiência, se nosso sangue corresponde à verdade ou se ele é rejeitado. Estamos a caminho de uma nova manhã, a manhã da ressurreição, e sobre nós será lançada uma sentença, a sentença da libertação ou da rejeição.

A grande revolução mundial começou. A voz do sangue falou. Se não formos justificados pelo sangue, a porta da libertação permanecerá fechada!

Qual é, pois, o mistério do sangue? Responderemos a esta pergunta no capítulo seguinte.

12

O MISTÉRIO DO SANGUE – II

No capítulo anterior, verificamos que desde o início do século XX uma influência misteriosa é perceptível em nossa atmosfera, atingindo com força sempre maior todas as expressões de vida manifestadas neste planeta. Dissemos que nenhuma criatura pode subtrair-se a essa influência, por ser de natureza atmosférica, o que significa que os quatro reinos de vida deste lado do véu da morte: o mineral, o vegetal, o animal e o humano, bem como os quatro domínios de vida do outro lado: a esfera etérica, a astral e os dois domínios espirituais, necessitam da atmosfera para a conservação de suas várias formas de manifestação.

As novas e misteriosas condições atmosféricas atacam a inteira criação no sangue e nos fluidos vitais, e justamente o sangue e os fluidos vitais se encontram em ligação muito estreita com a atmosfera. Influenciar a vida mediante a atmosfera é o método universal destinado a levar um ser vivo à reação.

Esse método é igualmente aplicado de mil maneiras pelas grandes forças da esfera refletora e pelos grupos que estão a seu serviço. É a imitação macabra da intervenção universal de Cristo, e essa imitação tem êxito maior ou menor em todas as circunstâncias. Para compreender bem isso e entender a natureza da batalha que todo aluno deve enfrentar, devemos penetrar profundamente nesse assunto. Assim fazendo, compreenderemos por que a Doutrina Universal nos previne contra os inúmeros falsos Cristos, que tanto dificultam o avanço na senda.

Agora que poderoso impulso atmosférico se faz valer, é mais do que necessário prover o aluno com toda a faculdade de discernimento,* a qual, em virtude de seu estado de ser, ficará à sua disposição.

A base sobre a qual a nossa reflexão deverá apoiar-se é, pois, o fato de o sangue e os fluidos vitais estarem em ligação estreita com a atmosfera e serem alimentados por ela.

A atmosfera é certo estado da substância primordial. Como sabemos, isso é válido tanto para nosso cosmo como para cada cosmo planetário. Todas as formas e condições da esfera química de nosso mundo material se originam das condições atmosféricas de nosso planeta. Por sua vez, a atmosfera alimenta-se do espaço da substância primordial, onde o cosmo inteiro se movimenta. O conjunto revela-se segundo determinado princípio, certa fórmula, que poderíamos denominar a consciência do planeta.

Em consequência de todo esse sistema, o planeta apenas pode absorver e assimilar forças que estejam em harmonia com sua natureza. Essa é a essência de nossa natureza terrestre, que é também a *nossa* natureza, como já dissemos muitas vezes. Julgamos que o caráter da nossa prisão dialética já é bastante conhecido do aluno da Rosa-Cruz. A consciência de um planeta ou de um ser humano, em consequência da qual todo o processo de vida se revela, também podemos indicar como "natureza animada".

Um ser natural animado não é um ser* espiritual. Devemos aprender a considerar a alma como *projeção* do Espírito, como forma refletida do Espírito.

Podemos ter um exemplo disso se compararmos o Espírito com a luz. Quando um raio de luz desce sobre certa quantidade de substância primordial, surge na matéria uma atividade em concordância com a natureza, o estado de ser e o objetivo do raio luminoso. Se a quantidade da substância em questão possui forças latentes suficientes, ou mesmo muitas possibilidades alquímicas, então inicia-se uma atividade que continuará mesmo depois de o raio de luz ter-se retirado. Após a retirada do raio de luz, a natureza da atividade se modifica. Em lugar de um eterno vir a ser, de acordo com a natureza, o objetivo e a essência da luz, a matéria animada apresentará fenômenos dialéticos.

Sem a direção do Espírito, a matéria animada segue uma marcha perigosa, que é um salto mortal contínuo na perdição, no sofrimento e na tristeza; um perpétuo morrer e um eterno renascer, sempre em condições diferentes de destino, uma reação em cadeia da substância primordial.

Alguém que tenha estudado ciência e lido as publicações sobre as experiências de desintegração atômica, sem dúvida alguma pode fazer uma boa ideia da origem da dialética. A matéria animada escapa à orientação do Espírito. Com um intelecto imensurável, ela procura proteger-se e fugir à orgia da perdição. A matéria animada possui uma consciência e, portanto, percepção.

A substância primordial é destinada a cooperar, até mesmo com sua menor partícula, em algo grandioso. Portanto, essa menor partícula de substância primordial é potencialmente divina. Tão logo a substância primordial seja empregada, sua consciência é liberada irrevogavelmente, sua percepção, sua vida latente. Se a substância primordial for empregada em objetivos que *não* estejam em concordância com a luz, ela experimentará imenso sofrimento, em virtude de sua percepção, e um grito de agonia rasgará o universo.

Em um sistema como o ser anímico humano, cada célula partilha o sofrimento desse mesmo ser. Quem quiser observar isso poderá ler claramente a assinatura do formidável drama do mundo dialético em cada forma nele manifestada.

Fomos chamados à existência à imagem de nosso cosmo planetário. Ao ser criado o nosso mundo, também fomos criados.

Antigamente andávamos na luz, assim como nosso cosmo inteiro estava na luz. Contudo, nós, seres anímicos, vivendo em nosso mundo anímico, rompemos o contato com a luz, com todas as suas consequências.

Devemos compreender que a ligação interrompida com a luz *pode* ser restabelecida, também com todas suas consequências. Para isso, revela-se em uma das camadas de nosso mundo anímico, uma força misteriosa cuja finalidade é servir de intermediária entre nós e a luz. Nossa tarefa na Escola Espiritual é estudar esse processo de salvação, como ele se efetua e funciona. Temos de observar de que modo podemos cultivar a faculdade de discernimento, a fim de poder desmascarar imitações e dirigir-nos diretamente à única meta. Assim, pois, vamos agora sondar o mistério do sangue!

Em nosso microcosmo decaído, domina um princípio animador, despertado no início pela luz. A esse princípio animador damos o nome de "consciência", e a um dos aspectos mais característicos da consciência denominamos "vibração".

A consciência do ser anímico alimenta-se do mundo anímico. Ela é impulsionada à manifestação. Para isso, a vibração desperta várias atividades.

Uma das atividades da vibração da consciência consiste em trazer à existência um sistema de linhas de força, uma estrutura de linhas de força, que reconhecemos de imediato como o sistema nervoso e nos permite antever a imagem da futura personalidade.

Tão logo esse sistema passe a existir e por ele circule a vibração da consciência, percebemos uma segunda atividade.

Em estreita conexão com o sistema nervoso e apresentando grande semelhança com ele, forma-se então uma segunda estrutura: a do futuro sistema vascular. Nesse segundo sistema, circulará o mesmo fluido, porém em estado mais lento, isto é, mais espesso.

Vemos, portanto, aparecer:

1. a radiação da consciência;
2. a radiação nervosa no sistema nervoso já formado;
3. a radiação sanguínea no sistema vascular também já formado.

Desses três princípios estruturais fundamentais, na trama dos sistemas de linhas de forças descritos, revelam-se as diferentes formas e condições da figura corpórea: o sistema ósseo, o sistema muscular e os grupos de células da carne, bem como a condensação de vários órgãos e partes já presentes na estrutura de linhas de forças, tais como: cabeça, coração, órgãos endócrinos, círculos plexiais. Esse sistema inteiro respira na atmosfera do mundo anímico e dela se alimenta.

É certo, portanto, que qualquer força ou influência atmosférica se fará sentir em cada sistema. No entanto, as condições de vida não são as mesmas para todos os seres anímicos. Em consequência da divisão quase infinita e caótica da vida dialética, já não podemos falar de um padrão de vida anímica uniforme. No que diz respeito às suas necessidades pessoais de vida anímica, a humanidade encontra-se completamente individualizada. Cada ser anímico é agora completamente distinto de outros.

A mesma influência misteriosa, já mencionada várias vezes, desperta o imensurável desejo de chegar a um padrão de vida anímica perfeitamente igual para todos. Todavia, por causa da variedade dos grupos e dos indivíduos, esse anseio se exprime também em várias formas.

Falamos sobre a ilusão que leva muitas nações a supor serem o povo prometido; a essa ideia também está ligada a promessa de que um dia habitariam uma terra de leite e mel, todos unos, todos iguais, com o mesmo padrão de vida, compreendido segundo esta natureza.

A ideia da comuna, a ideia de Bellamy, a ideia judaica, a crença na pirâmide etc., parodiam, no plano horizontal, a unidade original da alma com a luz universal, em consequência do que, cada alma teria iguais oportunidades, méritos e forças. Em sua manifestação dialética, essas ideias são reações científicas ao impulso de Cristo, que influencia a atmosfera.

Quando verificamos a completa desigualdade do padrão de vida anímica de cada ser, fica claro que as condições caóticas de nossa concepção de vida devem também estar presentes em nossa atmosfera. Com efeito, cada ser anímico alimenta-se da atmosfera e nela encontra tudo o que precisa para suas necessidades pessoais. Dirigimos enfaticamente vossa atenção para esse fato.

Nossa imagem sanguínea é o reflexo direto de nosso estado de ser no momento. Cada célula do corpo está em perfeita harmonia com o sangue, e o sistema nervoso bem como o fogo serpentino falam a mesma língua.

O fato de o nosso microcosmo continuar existindo é prova incontestável de que as forças do mundo que nos cerca devem ser do mesmo gênero, da mesma qualidade. Esta é uma descoberta alarmante. Se a corrupção está dentro e ao redor de nós, não podemos pensar em situação estática. Tudo o que estiver sujeito à corrupção degenerar-se-á cada vez mais, criando continuamente degeneração à sua volta.

Eis por que esse fato científico tem sempre causado formidáveis catástrofes cósmicas, que não devem ser tomadas como castigo, porém como acontecimentos muito necessários para a conservação da ondas de vida e para impedir que a calamidade se estenda para além de certa região. A conservação de uma onda de vida como a nossa baseia-se necessariamente no princípio universal do amor, que sempre de novo tenta trazer o perdido e decaído a seu esplendor original.

Para isso, quando a corrupção do sangue chega ao auge do satanismo e a onda de vida permanece como em uma voragem infernal, a maior parte dos sistemas microcósmicos é esvaziada. Não por morte catastrófica, e sim por explosão atômica intercósmica, em consequência da qual um ser humano não morre, porém simplesmente deixa de existir segundo a maior parte de seu microcosmo. Essa situação é denominada noite cósmica.

Mais tarde, após formidável purificação e total renascimento do inteiro campo de vida planetário, a onda de vida em questão é posta outra vez em movimento, e levada à manifestação, com a finalidade de fazê-la encontrar o caminho da salvação, de baixo para cima.

Existem forças provenientes de nossa onda de vida que podem livrar-se dessa catástrofe universal da humanidade! Elas podem distanciar-se dela, não em virtude da gênese de salvação, mas de uma gênese mágica de perdição. Elas possuem uma espécie de estado de eternidade, não em divindade e na glória radiante da revelação universal, mas em grande escravização e imenso sofrimento.

Em nossa filosofia designamos essas forças de hierarquia* dialética. Essas forças baseiam-se na hipótese de que, caso consigam elevar a inteira onda de vida humana até *seu* estado de ser, até *sua* glória de ouropel, elas próprias serão libertadas do sofrimento e, portanto, a humanidade será salva.

Em oposição a essa hierarquia está a Hierarquia* de Cristo. A Doutrina Universal de todos os tempos fala dessas duas influências de modo simbólico e muito oculto. Diz a Sagrada Escritura que o Logos* entregou o mundo a Cristo. Isso quer dizer que a Hierarquia de Cristo é a mais poderosa. De conformidade com um plano irresistível, ela causa comoção no mundo e na humanidade a fim de salvá-los. Em épocas determinadas da história mundial, todo o campo é completamente neutralizado por meio de uma revolução cósmica, em benefício dos que ainda não podem ser auxiliados. Assim, a parte da humanidade que ainda não foi salva pode ser retirada das garras da hierarquia dialética mediante esvaziamento, subtração.

Se puderdes compreender isso até certo ponto, ficará claro para vós que a hierarquia dialética, em virtude de sua natureza e de seus esforços, fará tudo o que lhe for possível, no período entre duas revoluções cósmicas, para alçar a humanidade até sua condição. E assim continuará procedendo enquanto existir uma alma pela qual possa lutar. Quando a última alma tiver ingressado no ser de Cristo da realidade divina, então terá chegado o fim obrigatório da hierarquia dialética. Essa fase da manifestação humana está descrita igualmente na Doutrina Universal.

Tudo isso deve ser-vos transmitido a fim de formar uma boa base para uma concepção mais ampla e uma orientação correta de vossa faculdade de discernimento.

Agora que chegamos a essas considerações, podemos perguntar: "Que meios emprega a hierarquia dialética para induzir a humanidade a partilhar de sua ideia?" Vós mesmos podeis dar a resposta.

O ser anímico humano possui três princípios fundamentais: consciência, fluido nervoso e sangue. A Hierarquia de Cristo procura, mediante seu misterioso impulso atmosférico, influenciar esse ser anímico para a libertação.

Pois bem, a hierarquia dialética faz precisamente o mesmo. Mediante purificação do sangue, mediante doutrinação e aprisionamento gerais do sangue, ela procura elevar a humanidade até sua ideia. E tenta conseguir isso antes que a corrupção do sangue tenha progredido a ponto de uma revolução cósmica condená-la à inatividade.

No próximo capítulo, explicaremos o modo pelo qual a hierarquia dialética tem atacado a alma humana em sua agonia através dos tempos. Atentai que essas coisas não são ditas para causar alarme, mas para que se possa, melhor do que nunca, observar a atividade do divino Salvador no jogo lúgubre da realidade.

13

O MISTÉRIO DO SANGUE – III

No capítulo anterior, verificamos que o ser anímico humano possui três princípios fundamentais: consciência, fluido nervoso e sangue.

Mediante seu misterioso impulso atmosférico, a Hierarquia de Cristo procura influenciar esse ser anímico para a libertação. Da mesma forma, observamos grande atividade da hierarquia dialética, com a intenção de elevar a humanidade até *sua* ideia. Já descrevemos minuciosamente a reação inicial da humanidade ao toque da radiação atmosférica de Cristo.

Cada criatura, cada povo, cada raça sempre reage, é obrigada a reagir, em conformidade com o ser sanguíneo natural. Por isso, desenvolve-se em cada povo, matizado pela imagem sanguínea, um mito da ilusão de supremacia e futura tarefa elevada! De momento não se pode esperar reação melhor, tendo-se em vista a imagem sanguínea natural estar tão submersa no materialismo. Por isso, para o aluno da Escola Espiritual fica claro que esse impulso atmosférico, cuja força cresce a cada hora, impulsionará e compelirá a humanidade a consequências inteiramente diferentes com uma inevitabilidade completamente assombrosa e incontrolável.

Portanto, também devemos descrever e estudar todas essas consequências antes que elas obtenham poder sobre nós e nos apanhem desprevenidos.

O maravilhoso desta época e a maravilhosa graça ofertada pela Escola Espiritual é sermos preparados, recebermos a oportunidade de elevar-nos inteiramente ao estado de ser que permitirá ir ao encontro dos futuros acontecimentos.

Portanto, nenhum de nós deverá deixar passar um dia sequer sem aproveitá-lo. O período das reações comuns de interesse e do discipulado de passatempo é coisa do passado. Uma linha divisória está sendo marcada no sangue. De que lado seremos encontrados?

Quando a divisão do sangue da humanidade tornar-se fundamental e um novo tipo evidenciar-se claramente, será cada vez mais difícil para nós chegar a tempo ao lado bom da linha divisória. Consequentemente, palavras de auxílio e estímulo, toda uma série de esclarecimentos relativos ao processo e o campo de força da Escola pouco poderão fazer por um ser humano cujo sangue esteja de tal forma envenenado segundo a natureza que o torne prisioneiro das forças terrestres. O próximo período é o momento para a escolha decisiva e a automudança fundamental.

Não precisais aceitar o que dizemos devido à autoridade atribuída a nós, nem mesmo por estar na Sagrada Escritura ou coisa parecida.

No entanto, iremos indicar-vos os fatos realistas, até onde isso nos é permitido e até o ponto em que somos capazes de fazê-lo. São fatos que já agora podem ser verificados como sinais dos tempos e que logo adquirirão para todos nós uma força irresistível absoluta.

Esperamos seriamente que respondereis a tudo o que ficastes sabendo, a tudo a que dirigimos vossa atenção, mediante uma formidável atividade autorrealizadora. *Não percais uma hora sequer.*

Refleti e orientai-vos, pois para isso recebereis muitas oportunidades. Edificai conosco, com a ajuda de todas as informações e sugestões recebidas e em autorrealização, um aparelho de trabalho capaz de acolher em breve milhares de almas extraviadas.

Autorrealização! Muitos vos chamam para ela. Podeis encontrar essa expressão em várias literaturas. Autorrealização como posse sanguínea, naturalmente!

Autorrealização consoante o impulso atmosférico de Cristo, *ou* autorrealização segundo o impulso da hierarquia dialética. Possuís a devida faculdade de discernimento nesse assunto? Sois capazes de distinguir entre esses dois métodos, com todas as suas sutilezas, que visam à realização do sangue?

Não sois! Por isso, a Escola deseja informar-vos, pois a senda da autorrealização, no sentido do impulso atmosférico de Cristo, é uma senda de lutas.

Devemos abrir caminho através da ilusão e da resistência natural. Devemos decifrar o mistério do sangue, pois o sangue possui a fórmula do aprisionamento e da libertação. O sangue, o terceiro aspecto fundamental da alma, é a chave da dialética. Nele encontramos a síntese da consciência, do fluido nervoso e da inteira natureza do sistema microcósmico. Sabemos que se todo o sistema já não se harmoniza com o Espírito, desenvolve-se um processo degenerativo, uma corrupção generalizada, levando, finalmente, uma parte do sistema à morte, ao aniquilamento, e a uma nova encarnação. Em suma: uma eternidade de indizível dor e sofrimentos.

É claro que a salvação do sistema microcósmico deve basear-se fundamentalmente no sangue. A transformação do sangue mudará a vida e, com o tempo, vencerá a morte e modificará a personalidade.

É claro também que se alguém quiser manter-se em determinado estado de ser, deverá cuidar para que a natureza sanguínea que determina esse estado permaneça a mesma.

É igualmente compreensível que se possa criar, pela cultura do sangue, certas condições e comportamentos de vida. Assim podeis compreender os esforços desesperados da hierarquia dialética a fim de trazer para *seu* nível o estado de vida da humanidade, mediante influência religiosa e oculta do sangue. Percebereis que esses esforços, com toda a certeza, não são completamente desinteressados.

O sangue possui diversas propriedades, como por exemplo, uma faculdade de irradiação. Essa faculdade de irradiação do sangue constitui o alimento dos deuses dialéticos. Quanto mais o sangue da humanidade degenera, mais degenera também sua faculdade de irradiação. O alimento dos deuses perde em qualidade, e, por conseguinte, essas entidades participam do mal-estar geral. Por isso, em sua luta pela existência, são forçadas a empregar todas as tentativas para elevar a qualidade da faculdade de irradiação sanguínea da humanidade.

Diz a sabedoria antiga: "O sangue contém todos os mistérios da existência". Ele possui todos os materiais que se possam imaginar. Por isso, nossa irradiação sanguínea também produz fantasmas. Todos os pensamentos e desejos que esvoaçam em nosso campo de manifestação são vivificados pela irradiação do sangue, que lhes fornece os materiais com que modelam sua forma. A atmosfera também é fortemente envenenada e corrompida pelas irradiações sanguíneas da humanidade.

Eis por que a morte segundo a natureza é uma válvula de segurança absolutamente indispensável para a manutenção da dialética.

Essa é a razão por que o ritual mágico do sangue tem sido, através dos tempos, o método da hierarquia dialética para conservar o sangue por tanto tempo quanto possível no nível que lhe convém, com a irradiação adequada para consumo.

Por esse motivo, o sacerdócio judaico proibia o consumo de sangue arterial, a fim de evitar o aumento da animalização. Essa proibição, evidentemente, não provinha de considerações humanitárias, visto que os animais eram abatidos ritualisticamente, com a mais monstruosa crueldade, para que seu sangue pudesse servir a finalidades mágicas. As artérias eram abertas, e o sangue do animal, plenamente consciente, esvaía-se até o fim, sendo recolhido em vasos.

Em todos os povos daqueles tempos, com matizes diferentes irrelevantes, desenvolvia-se o seguinte processo.[14]

> O templo está cheio de uma grande multidão de pessoas em atitude devota e plenas de ansiedade. Em uma parte invisível do templo está um coro sacerdotal, que começa a cantar. A música é altamente melancólica. Sua ação é calculada e tem muito em comum com o canto gregoriano, que na verdade foi plagiado por Gregório. Seu ritmo é muito opressivo, saturado de um desejo sobremaneira aflitivo. Todos os presentes no templo se sentem tomados por uma espécie de entorpecimento; tornam-se supraconscientes e extremamente sensitivos.
>
> Soam trombetas feitas de fêmures e tíbias humanos, rufam tambores feitos de crânios recobertos de pele humana. Incensórios espargem grande quantidade de incenso. Imensas nuvens de fumaça invadem a área do templo.
>
> Os presentes ficam nervosos; uma bruma misteriosa envolve-os como um manto de gaze. Um grito de dor reverbera na tensa atmosfera: o sumo sacerdote feriu a garganta do animal com uma lâmina. O sangue é recolhido em vasos de prata e derramado sobre o altar. O ritmo da música precipita-se. Os sacerdotes pronunciam mantras, e suas mãos fazem mudras estranhos. Os deuses são evocados. Uma tempestade levanta-se e sibila pelas abóbadas. Um frio glacial faz-se sentir. Trombetas ecoam, e pronunciam-se sentenças definitivas.

[14]Ver Marquès-Rivière, J. *A l'ombre des monastères thibétains* (À sombra dos mosteiros tibetanos). 14. ed. Paris: Éditions Victor Attinger, 1981.

> Sombras fantásticas deslizam pelas abóbadas. Os deuses aparecem. Com gritos roucos, muitas pessoas perdem a consciência. Esses monstros provenientes dos mundos astrais podem ser vistos deleitando-se, por assim dizer, com o sangue, a carne em putrefação e a agonia das pessoas, pois muitas ferem-se com punhais, o sangue jorra no templo, uma orgia de sangue.
>
> E todos dançam, assim como o fez Davi diante da Arca. Muitos, trajados de longas e brancas vestes, com a cabeça descoberta e inteiramente rapada. Armados de facas, ferem a si próprios e a outros nesse delírio, até que as vestes e o chão ficam encharcados de sangue.
>
> Dançam, e, antes que termine o serviço do templo, cada dançarino rodopia com seu par invisível.

Tudo isso se assemelha a um pesadelo, porém ainda hoje esses serviços são realizados em certas partes do mundo. E os deuses alimentam-se dos vapores dessas orgias sanguinárias.

Será diferente, em essência, a situação do mundo moderno sob o jugo e a maldição do cristianismo dialético? Se frequentardes as reuniões das pessoas, descobrireis, se observardes bem, que todos os grupos dialéticos sérios procuram conservar a irradiação do sangue em certo nível, a serviço de seus deuses.

Grande e muito extenso é o panteão dos deuses ocidentais. Todos eles, desde os negros e malditos das regiões limítrofes, até os sublimes das esferas luminosas, dedicam-se à pilhagem de sangue, todos recebem o alimento dos deuses.

Metódica ou inconscientemente, todos nós evocamos e mantemos nossos deuses. Mediante nossa irradiação sanguínea coletiva nós mesmos invocamos suas respostas.

Talvez pergunteis por que os sacrifícios de animais já não são utilizados em nossos dias.

É porque a degenerescência da raça humana já não o permite. Essa prática já não teria êxito ou seria totalmente adversa aos deuses.

O sangue arterial dos animais possui forças capazes de atingir o homem primitivo, ou melhor, o homem-criança, um ser descomplicado. Tão logo a humanidade dialética avança culturalmente, a natureza humana deixa de ser sensível a essas forças no sentido exigido. Pelo contrário, o sangue animal a encapsularia mais do que nunca.

Eis por que várias comunidades sacerdotais da antiguidade começaram a derramar o sangue animal com o sangue humano. Na imagem do ritual que acabamos de esboçar, isso era feito como resultado de uma possessão espontânea. Em outros rituais, pessoas eram mortas com os animais, e ainda hoje isso acontece em algumas regiões inacessíveis da América do Sul.

Seja como for, desde a fundação da ordem mundial dialética, tudo foi e ainda é feito para viver-se do sangue, sim, do sangue alheio. Essa é a lei da dialética, a lei do parasitismo inevitável.

E quanto a nós, agora? O que se pede de nós?

Nós também possuímos uma irradiação sanguínea. Igualmente damos vida ao panteão de nosso campo de manifestação. Em virtude das inúmeras ligações com esta natureza e por nossa simples presença neste campo de vida, estamos abertos ao parasitismo e lhe damos oportunidades. Também vivemos do sangue alheio; nascemos do sangue e nos alimentamos do sangue das plantas. Igualmente estamos aprisionados como todos os outros.

O que se pede de nós?

Uma completa revolução segundo o sangue! Não uma cultura nem uma modificação do sangue, nem tampouco um comportamento de natureza autoprotetora *dentro* da corrupção, porém inteiramente fora dela, por meio de outra natureza *no* sangue.

"O sangue de Jesus Cristo nos purifica de todo o pecado." Que significam estas palavras? Que deveríamos reunir-nos em exaltação mística ou ocultista a fim de evocar essa força purificadora? Asseguramo-vos que, se assim procedêssemos, realizaríamos uma irradiação sanguínea que os deuses e os fantasmas devorariam.

Asseguramo-vos que assim contribuiríamos diariamente para o desenvolvimento de nossa possessão geral.

Não. De nós é exigida uma atitude metafísica totalmente nova. Pelo conhecimento vamos à experiência, e da experiência à manifestação. Mediante ação autolibertadora, devemos abrir o sangue ao misterioso impulso atmosférico de Cristo. É *essa* revolução que levamos a efeito na Escola Espiritual.

Se pudermos fazer a ligação com as radiações de Cristo até o sangue, ficaremos livres das garras desta natureza. Assim, desenvolveremos uma irradiação sanguínea que os parasitas dialéticos já não poderão consumir. Dessa maneira, atacaremos completamente as bases sobre as quais repousa a inteira vida social dialética e realizaremos para nós mesmos e para os demais uma revolução mundial definitiva.

Isso nada tem a ver com banhar-se misticamente ao sol. Essa é a marcha heroica segundo o espírito, a alma e o corpo. É o regresso à eterna aurora nascente.

Isso é a cruz e a rosa. Esse é o objetivo da Escola Espiritual. É o "Jesus é tudo para mim!"

14

O MISTÉRIO DO SANGUE — IV

Continuaremos nossa tentativa de desvendar o mistério do sangue, citando um texto bem conhecido da Primeira Epístola de João:[15]

> Todo o que crê que Jesus é o Cristo nasceu de Deus, e todo o que ama ao que gerou ama também ao que dele nasceu. Nisto reconhecemos que amamos os filhos de Deus: quando amamos a Deus e guardamos os seus mandamentos. Pois este é o amor de Deus: observar os seus mandamentos. E os seus mandamentos não são pesados, pois todo o que nasceu de Deus vence o mundo. E esta é a vitória que venceu o mundo: a nossa fé. Quem é o vencedor do mundo, se não aquele que crê que Jesus é o Filho de Deus? Este é o que veio pela água e pelo sangue: Jesus Cristo; não com a água somente, mas com a água e o sangue. E é o Espírito que testemunha, porque o Espírito é a verdade. Porque três são os que testemunham: o Espírito, a água e o sangue; e estes três tendem ao mesmo fim, a uma unidade. Se aceitamos o testemunho dos homens, o testemunho de Deus é maior.

O autor da maravilhosa Epístola de João demonstra sobejamente ser grande iniciado nos mistérios transfigurísticos. Ele coloca seus

[15] I João 5:1–9.

alunos diante da antiga fórmula clássica: *fazer ouro.* Todo aluno de uma escola espiritual transfigurística deve, por assim dizer, estar possuído da sede de ouro. Ele deve aspirar à sua posse, e a fim de satisfazer completamente essa necessidade, deve poder fabricar esse ouro em quantidade ilimitada. Ele aspira por uma habitação, por uma veste, por uma esfera de vida na qual possa banhar-se em ouro.

Sabeis que todo ser dialético vivo pensante possui no sangue essa mesma fome, essa mesma sede. A religião do ouro é a única que move e impele a humanidade inteira até hoje. Não há, até o momento, religião que tenha causado *mais* penas, dores e sofrimentos do que essa. A humanidade luta pela posse de matérias primas, mercados e pela conservação do que já adquiriu. E, tendo obtido algo, o instinto a impele a refinar e expandir o que possui. Esse é o impulso primitivo da inteira existência humana, e também é o princípio fundamental do discipulado. O que cobiçais é a posse do ouro!

Ouro é prodígio, é majestade divina. O ouro é a substância primordial na qual e pela qual existe o reino imutável.

O sistema veicular do pré-homem era constituído dessa substância. Todo o universo divino se origina desse metal nobre. Ele forma a base da multiplicidade infinita de formas da manifestação universal. Esse conhecimento original ainda está submerso até no ser humano mais primitivo. De fato, com ouro tudo se faz!

Este mundo é muito pobre em ouro, que se encontra distribuído de maneira muito desigual. O ouro original, outrora uma vibração divina e luminosa, coagulou-se devido a uma vida ímpia, tornando-se primeiro um fluido, e depois um mineral duro, petrificado.

Algumas gotas desse fluido original caíram aqui em forma de mineral. Quando os primeiros seres humanos o encontraram e viram seu brilho, e sentiram sua poderosa influência, a despeito de seu estado de coagulação, estremeceram e encheram-se de veneração. Desenterraram-no, purificaram-no e transformaram-no em objeto de uso sagrado nos templos e revestiram as paredes das casas de oração com placas de ouro.

Apenas mais tarde se desenvolveu a ideia de posse e do padrão-ouro. No entanto, isso não fez a felicidade do gênero humano nem o libertou do sofrimento.

O ouro terreno contém apenas uma ideia mágica, tão intensamente mágica que se tornou impossível abandoná-la. Essa ideia virou obsessão, porém jamais pode ser realizada aqui, na frialdade da noite terrena. Percebeis quanto isso é grandioso e sinistro ao mesmo tempo? Estar-se possuído de uma ideia divina que não pode tornar-se realidade!

Então, machados fendem crânios, azagaias retalham intestinos, e minas esfacelam cérebros. Navios de batalha, conduzidos por hábeis matemáticos e acompanhados pelo capelão de bordo, arrasam uma cidade inteira com todos os seus habitantes. E tudo isso impulsionado por essa mesma ideia que não pode converter-se em realidade neste mundo!

Essas poucas gotas da originalidade petrificada, caídas neste planeta perdido, causaram um pandemônio semelhante a um furacão, a uma tempestade que durará até o dia dos dias. Sentis a magnificência disso tudo?

É a dialética, dominada por uma ideia que não pode converter-se em realidade! O coração bombeia essa ideia através das artérias, e ela não nos deixa em paz, nem de dia nem de noite. Assim, todo ser humano dialético se tornará, um dia, maduro para a ideia do discipulado, maduro para poder receber a fórmula de fabricação do ouro, a fim de transformar a ideia em realidade.

Por isso há tanta paciência conosco, uma paciência incomensurável. Quando, acossados até a morte e encurralados em nossa demência, descobrirmos a impossibilidade de realizar essa ideia na presente natureza, abrir-nos-emos então a outra maravilha:

a de que o ouro original ainda cai na frialdade desta existência sem petrificar-se, como prova de que a ideia fundamental ainda pode ser transformada em realidade por meio de outra fórmula fundamental, que diz: "Quem perder a sua vida por amor de mim, achá-la-á!"

Como encontrar o ouro que jamais perece? Os antigos rosa-cruzes clássicos diziam que havia três elementos fundamentais com os quais se podia fabricar ouro, a saber: *enxofre, mercúrio* e *sal!* Esses três elementos eram igualmente denominados: *flamma, natura* e *mater,* ou segundo o autor da Epístola de João : *spiritus, aqua* e *sanguis,* ao passo que na Escola Espiritual moderna se fala de *consciência, fluido nervoso* e *sangue.* Contudo, nessa fórmula falta o quarto elemento, o elemento *fogo.*

Deve-se, primeiro, confiar o enxofre ao fogo, adicionando-se então, lentamente, o mercúrio e o sal; o resultado final será o ouro. A *flamma,* ou flama, deve ser acesa pelo fogo. A *natura,* ou natureza, então mudará, e da *matrix,* ou mãe, o ouro materializar-se-á. O *spiritus,* ou espírito, deve ser inflamado pelo fogo; a *aqua,* ou água, então ferverá, e o *sanguis,* ou sangue, fervido com a água, precipitar-se-á na retorta em forma de ouro.

Que significa tudo isso?

O moderno alquimista deve confiar sua consciência ao fogo do novo e misterioso impulso atmosférico;

— quando a consciência estiver carregada com esse fogo, o fluido nervoso deverá ser preparado para conduzir a nova radiação;
— a seguir, o fluido nervoso terá de levar a nova força para o sangue;
— por fim, do sangue assim renovado, elevar-se-á a nova, eterna e divina veste áurea.

Que quer dizer tudo isso? "Todo o que crê que Jesus é o Cristo, nasceu de Deus; todo o que nasceu de Deus vence o mundo pelo Espírito, a água e o sangue."

Estudemos, agora, mais de perto essa clássica fórmula transfigurística. Antes de tudo, porém, precisamos desistir de aproximar-nos dessa fórmula com o ser pensante e o ser sentimental comuns do ser dialético. Vosso pensar e sentir originam-se, no momento, inteiramente de vosso tipo sanguíneo, de vossa atual irradiação sanguínea. Pela pequena circulação sanguínea, os sete grupos cerebrais no coração e os sete grupos cerebrais na cabeça são continuamente aprisionados no sangue e pelo sangue, e funcionam graças a ele. Vosso ser pensante e vosso ser emocional baseiam-se nesse estado efetivo. Deles se origina vosso desenvolvimento intelectual e místico. Deveis compreender, portanto, que essas faculdades, que usais diariamente e das quais sois e viveis segundo o sangue, evidenciam uma completa ruptura e estão inteiramente perdidas e focadas no individualismo.

A Escola da Rosacruz frequentemente fulmina a religião e o ocultismo naturais. Compreendeis agora por que ela o faz? É porque se apóiam respectivamente sobre o ser sentimental e a intelectualidade naturais.

Vossa orientação mística ou vossa inclinação intelectual são características de vosso aprisionamento no sangue e pelo sangue. Quem se aproxima da Escola da Rosacruz com a condição natural do coração, ainda que pleno de amor, devotamento e dedicação, ou ainda com os dons naturais do intelecto, por mais inteligente que seja, não poderá compreender, sentir e abranger a essência da clássica fórmula transfigurística. Esse ser humano jamais poderá sondar a alquimia sagrada da fabricação do verdadeiro ouro; poderá, no máximo, ficar possuído pela ideia, sem poder jamais realizá-la aqui.

Se compreenderdes o que a Escola procura transmitir-vos, certamente ficareis perplexos. De fato, baseai-vos na suposição de que apenas podeis aproximar-vos dos aspectos da vida *ou* com a cabeça *ou* com o coração. Ou, quando muito, pensais poder fazê-los caminhar ao mesmo tempo.

Dizeis: retirar o sangue da cabeça e do coração significaria a *morte,* por conseguinte não podemos agir de outro modo.

Então vos diremos: se não existisse outro caminho para o conhecimento e continuásseis a viver por um século, no fim desse período permaneceríeis o mesmo ser que sois hoje.

Possuís certo grau de instrução e uma soma considerável de talentos na cabeça e no coração. Vós os empregais e tentais fazer algo com eles, *porém jamais tereis êxito.* Ficareis, como todos os outros, apenas possuídos pela ideia, sem jamais conseguir realizá-la. Acorrentados à roda, cantareis sempre as mesmas ladainhas dos séculos passados, até que a loucura da ilusão vos agarre.

Ainda existe uma terceira faculdade em todos os seres humanos: a do conhecimento. É com essa terceira faculdade que deveis aproximar-vos da fórmula transfigurística da fabricação do ouro. Essa terceira faculdade humana, ou seja, a do conhecimento, está localizada no sistema do fogo serpentino. Indicamos essa faculdade do conhecimento como consciência, ou seja, o enxofre, a *flamma,* o *spiritus,* de que falamos ainda há pouco.

Essa terceira faculdade possui igualmente sete aspectos, e um desses aspectos é a vontade humana. A faculdade da vontade não se origina das circunvoluções cerebrais do coração e da cabeça, mas é uma das sete luzes da consciência. A faculdade da vontade é a chave da consciência!

Gostaríamos de ensinar-vos a alquimia prática. Tentaremos fazer-vos viver as núpcias alquímicas de Cristão Rosa-Cruz. Portanto, prestai atenção!

Diz a fórmula: "Deve-se, primeiro, confiar o enxofre ao fogo, adicionando-se então, lentamente, o mercúrio e o sal; o resultado final será o ouro".

Se traduzirmos essa fórmula para nossa terminologia, saberemos que antes de tudo temos de confiar nossa consciência ao fogo. Assim, pois, ao aproximar-nos dessa recomendação na prática, devemos começar confiando ao fogo o primeiro aspecto dessa consciência, ao qual denominamos *vontade*. Todos vós estais em condição de iniciar essa alquimia. Mediante vosso contato com a Escola e seu campo de força, vossas paixões sentimentais e intelectuais são e serão abrandadas, a fim de que confieis ao fogo vossa terceira faculdade de conhecimento: a vontade.

Recomendamo-vos ler e estudar com atenção o que é dito na obra *Dei gloria intacta*[16] sobre a iniciação de Marte do primeiro círculo sétuplo, e assim compreendereis que "a vontade é o começo e o fim de tudo." A vontade é o sumo sacerdote em vosso templo. É essa vontade que devemos confiar ao fogo.

Que fogo? Ao fogo de Cristo, ou seja, à radiação gnósticaatual, ao misterioso impulso atmosférico atual. A conversão da vontade a esse fogo não é um estado mediúnico, visto que nesse estado a vontade é moldada como chave para dominar a personalidade.

As forças que se aproximam de nós pela mediunidade não são fogo, mas possuem a mesma chave vibratória de nossa consciência, ou seja, no máximo 30 Hz. No entanto, a radiação de Cristo é um impulso que, por seu grau vibratório, se eleva muito acima de nosso potencial de consciência. Por isso, um encontro com essa radiação queimará como fogo e cortará como espada.

Confiar o enxofre ao fogo significa que o aluno, neutralizando todo o ardor de sua vontade segundo a natureza, sobe à fogueira de Cristo; isto é, ele lança-se diretamente nesse fogo, tal como a antiga ave dos mistérios.

"Quem perder a sua vida por amor a mim, achá-la-á!" Isso é inteiramente contrário à vossa natureza, porém essa contranatureza é a receita da fabricação de ouro, das núpcias alquímicas de Cristão Rosa-Cruz.

Fé, no sentido mágico da alquimia cristã, não significa, portanto, perder-se misticamente nas esferas emocionais do sangue,

[16] Rijckenborgh, J. van. *O mistério iniciático cristão: Dei gloria intacta.* 3. ed. Jarinu: Rosacruz, 2003.

mas sim confiar a vontade, como chave da inteira consciência, como base do eu, ao fogo de Cristo.

Fé é uma atividade no jogo de flamas do Espírito Santo. Assim, todo o que crê que Jesus é o Cristo, todo o que, mediante a entrega da vontade, mergulha *assim* no fogo da salvação, *nasce de Deus!* Quem nasce de Deus vence o mundo das lutas na multiplicidade das ideias e recebe as vestes áureas da plenitude eterna, por intermédio do Espírito, da água e do sangue.

A flama deve ser acesa pelo fogo; a natureza então mudará, e da matriz o ouro será fabricado!

Impelido pela ideia, o materialista anseia pela posse. E vede, sua fome permanece, sua pobreza e seus sofrimentos aumentam. Acossado até a morte, entrega-se à vida mística, dizendo: "Não o ouro da natureza, mas o ouro místico será para mim uma coroa da vida". Adornado com essa coroa, fita-vos com o olhar frio da desumanidade e da mediunidade. E, uma vez desiludido, dirá: "A vontade de poder no oculto realizará a ideia fundamental".

Um dia, de um dos domínios da esfera refletora, totalmente adornado como um almirante em dia de gala, lançará um olhar às esferas de vida material, que lhe permitem conservar-se, bem como a seu uniforme engomado.

Então perceberá que sua ilusão dourada se baseia unicamente na voragem do inferno e que sua vida se mantém pelo imenso sofrimento de inúmeros seres humanos. Então compreenderá haver apenas *uma* possibilidade de transmutar a ideia fundamental em realidade, ou seja, aproximar-se do fogo sagrado pela terceira faculdade de sua natureza, o conhecimento, e acender sua flama nesse fogo, dizendo em seu jardim de opressões: "Senhor, não se faça a minha vontade, mas a tua!"

E a partir desse momento os hierofantes do Grande Oriente o servirão com a áurea Rosa-Cruz.

15

A VERDADEIRA VIDA — I

Existem inúmeros estados de vida, inúmeras existências individualizadas, estados de vida caracterizados por diferenças profundas. Existe grande diferença entre o estado de vida de um ocidental e o de um bosquímano, entre o de um europeu civilizado e o de um canibal da Patagônia. Um largo abismo separa o ser humao que vive na esfera* material e o que vive na esfera refletora.

Poderíamos, assim, enumerar dezenas de diferenças se examinássemos as entidades de conformidade com suas classes e grupos, suas diferenças sociais ou religiosas naturais. Entretanto, há *uma* coisa que esta vida tão nossa conhecida tem em comum: a vida completamente individualizada nesta ordem de natureza. É uma vida animada que se ajusta inteiramente às normas e leis das esferas material e refletora.

É uma vida suscetível de certa cultura. É possível, por exemplo, para um daiaque, nascido em uma choça nas florestas virgens do Bornéu, tornar-se mais tarde médico, e que nós o vejamos como famoso cirurgião em um centro civilizado, ocupado em fazer uma operação de apêndice em uma grande dama. Um negro de tanga pode mais tarde tornar-se docente de uma universidade famosa. O pobre de ontem pode ser hoje uma autoridade proeminente.

Queremos, com isso, dizer que não há nenhuma razão fundamental para a discriminação de raças ou classes. Todas as manifestações de vida, uma vez que tenham as mesmas oportunidades, chegarão ao mesmo nível de cultura e poderão atingir o mais alto ponto a ser alcançado dentro dos limites da natureza.

Pensai, por exemplo, no comportamento da religião natural, em seus prelados e inúmeros seguidores. Uma bem-aventurança eterna é prometida a todos, independentemente de serem pobres, brancos ou negros. Por isso, os grupos religiosos naturais procuram desenvolver, em todos com quem entram em contato, o que se poderia denominar cultura metafísica.

O mesmo se pode dizer a respeito da ciência e da arte. Religião, arte e ciência, tal como a vida em geral as considera, são acessíveis a todos os seres humanos mediante a cultura. Existe grande variedade de linhas de desenvolvimento, podendo-se seguir inúmeras delas ao mesmo tempo ou então mudar de linha. O resultado é certo estado de ser ao qual se denomina *nível da civilização.*

Observai, além disso, que a natureza fundamental de todas as linhas de desenvolvimento, seja qual for a que se siga, é absolutamente a mesma.

Vede, por exemplo, um professor de religião. Ele inicia determinado estudo e nele se aperfeiçoa. Ao concluir os estudos, torna-se professor.

O mesmo pode-se dizer de quem exerce determinado ofício nas artes ou em algum ramo da ciência. Nosso caráter religioso se evidencia quando um professor ou um livro escrito por ele encontra eco em nosso estado de ser. Nosso caráter, ou nossos órgãos dos sentidos, ou nossa consciência, moldados pelo nosso passado, tornaram-se receptivos a determinado ensinamento. O professor nos dá normas, leis, lições. Ele nos diz que, se estivermos dispostos a viver de acordo com elas, a cultura daí advinda nos elevará acima de nosso antigo estado de ser, o que de fato é verdade.

O mesmo pode-se dizer a respeito de nossa sensibilidade artística ou científica, que nos faz viver de conformidade com certas exigências artísticas ou científicas, com todas as suas consequências culturais.

Portanto, podemos verificar sem dúvida alguma que religião, arte e ciência podem ser abordadas por qualquer pessoa, com resultados indiscutíveis para a cultura e a civilização. Pouco importa qual delas escolhais.

Se vos decidirdes pela religião, pela arte ou pela ciência, ou ainda pela mistura de religião e arte, ou pela arte com um pouco de religião ou ciência — seja lá o que for — tudo isso, reunido ou separado, apenas vos elevará acima do ponto de partida até... até... sim, até onde? Eis aí a dificuldade.

Esse *até onde* pode ser verificado filosófica ou hipoteticamente, mas nunca compreendido com exatidão. A pista perde-se para nós na esfera material, geralmente pela morte. A maioria dos seres humanos não pode verificar com precisão o que está para além da morte, por isso pode-se especular temerariamente sobre o desconhecido. No entanto, é certo que arte, ciência e religião não podem tornar a humanidade feliz. Qualquer que seja o grau de cultura do ser humano, ele permanece sempre um pobre diabo, calcificando-se lentamente até cruzar as fronteiras da morte.

Religião, arte e ciência são como passatempos no lúgubre jogo da luta pela existência, no jogo do ódio e do amor, da luta contra a morte, que nos agarra com seus tentáculos desde nosso nascimento.

Podemos afastar-nos da realidade por um momento ao ouvir um sermão ou ler uma obra literária. Podemos elevar-nos ao mundo etérico na música de Debussy, ou perder-nos por algumas horas em uma fórmula.

Marx disse: "A religião é o ópio do povo". Com o mesmo direito poderíamos acrescentar: "A arte e a ciência são o ópio do povo, e que narcótico eles são!"

Não desejamos privar-vos de vossos passatempos. Precisais deles nesta natureza* da morte, porém reconhecei e admiti a essência de toda a cultura. Nossa vida é absolutamente *una* com a natureza da morte, e dessa maneira a cultura da morte engendra a morte.

Por que escrevemos sobre essas coisas? A fim de fazer-vos compreender que vos encontrais em certo estado de vida, que vosso estado de ser do momento origina-se *de* certo nível de vida. Podeis cultivar essa vida, exaltá-la de mil e uma maneiras, porém essa cultura não pode libertar-vos. A cultura de vossa vida mantém-vos ocupados, eventualmente de maneira febril. Fostes instruídos e instruis, porém de modo algum sobre o reino* dos céus, objeto de especulação de toda a cultura metafísica. Por isso diz Paulo com razão que os judeus foram privados do reino dos céus, porque o buscavam através de ações conforme a lei de Moisés, pela retidão da lei moral.

Que é uma lei moral? É um método de cultura! Quem foi Moisés? Um hierofante da antiga dispensação.

Há hierofantes da antiga dispensação, e também há os da nova. Esperamos poder explicar-vos o significado disso.

Por que Moisés deu um método de cultura, uma lei moral? Porque um método de cultura, isto é, uma cultura de vida, compele o homem a uma crise. A cultura liga à matéria. Portanto, a cultura de algo que pertence à natureza conduz a um critério da natureza.

Habitando aqui, todos nós devemos aprender pela experiência que nossa natureza é uma natureza de morte. Não podeis aprender isso por meio do sofrimento ou da preocupação, pois, quando estais aflitos, pensais: "Fiz algo errado", ou "a causa está em outra pessoa".

A melhor maneira de aprender e compreender a grande lição é pela cultura de vida, pela prática da arte, da ciência e da religião natural em todas as suas inumeráveis variedades e combinações.

Essa é a antiga dispensação, o período do Velho Testamento no qual vive toda a humanidade, sendo continuamente compelida de critério em critério. A prática da lei moral de Moisés e tudo o que a ela se refere, como método de cultura, refina vossa consciência e a faz reagir melhor, de modo que, ao chegardes finalmente ao auge da consciência, possais verificar por vós mesmos, com certeza inabalável, a grande derrocada da vida. Por isso, diz a antiga lei moral: segui o hierofante até a terra por ele prometida, até chegardes a um impasse.

Notai que o próprio Moisés não entra na chamada terra prometida dos judeus. Quando, jubilantes, os judeus ingressam na Canaã de seus sonhos, seu hierofante desaparece. E quando, com seu padrão de realização material, eles empreendem todo o tipo de experiências, o final é sempre um oceano de misérias e desgostos.

Os judeus continuam a buscar e a vaguear. Então vem uma série de profetas, e cada um deles é um novo hierofante da antiga dispensação, ou o mensageiro de um deles. Todos têm a tarefa de guiar novamente os judeus a seu critério. O maior desses profetas foi Elias.

Então, como último dos profetas da antiga dispensação, vem João Batista, que aponta o hierofante da nova dispensação: Jesus, o Senhor.

Finalmente temos a transfiguração no monte. Moisés, Elias e Jesus estão lado a lado, em grande glória. Com isso, fica claro que todos os hierofantes provêm de uma única e mesma Fraternidade, são oriundos da mesma luz.

Se compreendermos todo esse processo, a situação é a seguinte: existe um ser humano na natureza da morte. Ele é arrastado em um processo de cultura, com a finalidade de adquirir discernimento de seu verdadeiro estado. Ele alcança seu critério cultural e cai em desespero, desespero proveniente do discernimento. Ele luta e esforça-se para escapar a seu destino. Tenta sempre novos e diferentes métodos de cultura que invariavelmente o levam ao critério pretendido. Em todo esse processo de cultura do Velho Testamento se distinguem doze vezes dois aspectos; todos eles se caracterizam por um esforço do indivíduo em evadir-se e por uma rejeição hierofântica correspondente.

Quando, pois, esse processo percorre seu curso segundo as leis da natureza, esse ser humano em questão é colocado diante da nova dispensação, cujo hierofante vem a seu encontro. Se o interessado reage favoravelmente, a aurora da libertação desponta. Todos os que ingressam na Escola da Rosacruz são chamados para essa libertação. Com isso queremos dizer que a Escola da Rosacruz moderna não se acha no antigo estágio hierofântico de critério cultural, mas na vibração do chamado hierofântico para a libertação.

O aluno que reage a esse chamado dá provas de que finalmente descobriu, graças à consciência purificada pela cultura, que existem duas ordens de natureza, duas realidades de vida inteiramente independentes uma da outra e absolutamente diferentes entre si. Esse aluno compreenderá por que os judeus, os que vivem sob a lei do Velho Testamento, não podem herdar o reino dos céus, nem podem alcançá-lo com o auxílio da cultura ou da lei de Moisés, mediante a retidão da lei moral.

O aluno vê agora uma nova realidade na qual não pode ingressar, mas da qual pode aproximar-se com o auxílio da retidão da fé. Ele se vê diante da retidão e da realidade de Cristo, o hierofante da nova aliança. Nesse estágio, o aluno *sabe* que a lei de Moisés e a atividade dos profetas hierofânticos foram dadas à humanidade a fim de guiar a alma carnal até seus padrões na natureza, e que a realidade de Jesus Cristo se refere a outro estado de alma: o estado de natureza espiritual ou original.

Apenas um microcosmo capaz de elevar-se a esse domínio universal do Espírito de Cristo pode em realidade falar de *vida*. Somente esse ser pode dizer: "Eu vivo, eu sou!" Como sistema microcósmico, apenas poderemos ingressar nessa vida quando nos despedirmos da velha natureza, a natureza da morte, em completa automortificação.

Se permanecemos nessa despedida, a nova vida nascerá atomicamente no campo de manifestação do ser aural. Essa entrada atômica do Espírito no campo de manifestação do ser aural é misticamente designada como o nascimento do filho da Divindade eterna. Portanto, é certo que o ser humano que não tiver concebido em si mesmo esse filho do Espírito, *não possui o real conhecimento da única e verdadeira Divindade.*

> Ninguém conhece a essência da verdadeira Divindade e de seu Cordeiro, antes de eles se revelarem em seu sistema. "Vida", no sentido da linguagem sagrada, não é crer que há um Espírito universal em alguma parte, porém saber, vivenciar, que ele existe.
>
> Conhecer a palavra da verdade, saber que seu espírito nasceu em nossa alma e em nosso coração, é ter dado nascimento em nosso imo a seu descendente puro, à entrada atômica do Espírito, ao Filho, com a certeza de saber-se assim ligado ao campo universal de Deus.
>
> Sobre essa pedra da verdadeira revelação de Cristo no campo de manifestação do ser aural é edificada a congregação do verdadeiro Cristo.[17]

Uma congregação é uma fraternidade. Portanto, o aluno que pode saudar essa entrada atômica do Espírito no campo de manifestação também participa da congregação de Cristo, ele participa da Fraternidade Universal. Está claro, pois, que um aluno jamais é chamado ou escolhido para filiar-se à Fraternidade, porém nela é admitido mediante o renascimento.

Quem possui a certeza interior desse nascimento sabe, *como nós,* que ele é a única base da certeza inabalável sobre a verdadeira vida. Quem ainda não pode viver essa certeza encontra-se

[17]Bucke, R.M. *Consciência Cósmica.* Curitiba: AMORC, 1996.

mergulhado no período do Velho Testamento, no qual é continuamente compelido de critério em critério, em constante estado de esperança e temor. Esse ser humano continuará na rotação da natureza da morte até receber, no renascimento, a nova revelação, mediante a automortificação.

E todos os que podem recebê-la contemplam-na, face a face, com conhecimento de primeira mão, e já não podem discordar entre si, pois se encontram como em uma corrente de irmãos e irmãs na congregação de Cristo.

16

A VERDADEIRA VIDA — II

No capítulo anterior verificamos que, de conformidade com os desígnios divinos, o ser humano dialético nesta ordem de natureza é conduzido ao longo de um caminho de cultura.

Na linguagem sagrada, esse caminho é indicado como "o período do Velho Testamento". Essa marcha da humanidade visa a fazê-la reconhecer, ao atingir o ápice do critério cultural, quão ímpio, limitado e finito é seu estado, e assim torná-la suscetível ao toque da nova dispensação da ordem espiritual de Jesus Cristo, segundo a ordem de Melquisedeque.

Para tornar um homem suscetível ao toque vivificante do Espírito e para introduzir um microcosmo nos santos átrios da Fraternidade Universal, é imperativo conduzi-lo primeiro, no tocante à natureza, a um estado de consciência mais refinado. O homem deve *conhecer* seu estado e *experimentá-lo.* Esse *conhecimento,* essa *experiência* e essa *compreensão* apenas podem ocorrer mediante a consciência.

É possível que nos saturemos momentaneamente uns aos outros com uma torrente de palavras e, com entusiasmo ilimitado, possamos por pouco tempo superar-nos, ou melhor, elevar-nos acima de nosso estado de ser. Nesse caso, entretanto, fica afastada qualquer possibilidade de um resultado permanente.

Por isso os hierofantes da antiga dispensação visam sempre a uma elevação permanente da consciência, um refinamento da percepção, antes que o Espírito possa pronunciar seu: "Vede, eis-me aqui". É, pois, necessário que compreendais o amor ilimitado em que está baseado o trabalho da Fraternidade.

A título de explicação, se pudermos por um momento compreender literalmente a história dos judeus, veremos que o curso de sua jornada de quarenta anos através do deserto apresenta uma linha bastante caprichosa de elevações e descidas, uma linha de verdadeira peregrinação. A jornada dos israelitas da casa da servidão à terra prometida não é nenhum empreendimento em linha reta. Não há um caminho totalmente retilíneo traçado do Mar Vermelho ao Mar Morto. Verificamos também que os hierofantes da antiga dispensação participam dessa peregrinação até o último passo.

Vede que quando o Senhor de toda a vida envia seus servos para recolherem a colheita, nenhuma coação é empregada nem decretam autoritariamente: "Vindes conosco ou não?" – porém, lutam pela salvação de cada alma humana. Portanto, os hierofantes vagueiam com os que assim o fazem, e estão prontos para acompanhá-los em seus caminhos tortuosos, preparados para suportar-lhes a estupidez e velar a própria face, tal como Moisés, a fim de que os extraviados não contemplassem sua glória.

Para um obreiro na vinha de Deus é mais importante conduzir os peregrinos errantes à casa do Pai do que nela entrar. Portanto, o hierofante está pronto a retroceder com o rebanho que lhe foi confiado sempre que este retorne aos velhos caminhos, enquanto a consciência do rebanho ainda não pode agarrar a corda salvadora. Quando o rebanho se detém, ele faz o mesmo.

Assim, tentar repetidas vezes o caminho tortuoso e jamais abandonar a tarefa assumida tornam-se o verdadeiro sacrifício divino em Cristo. Deveis compreender e avaliar a conduta dos santos obreiros mediante essa característica. Eles não deixam, por um segundo sequer, a humanidade errante sozinha. Eles nos acompanham do mar vermelho das paixões sanguíneas ao mar morto dos critérios culturais. Eis por que, *antes* de podermos renascer é mister que primeiro tenhamos nascido. Devemos conhecer com plena consciência a maldição de nosso estado.

Esse é o significado das palavras de *O oceano cinzento:* "Eu te saúdo, ó oceano cinzento da vida! Eu te saúdo para sempre, ó mar morto da realidade dialética!"

Deveis compreender que na Sagrada Escritura e no santo trabalho duas vozes falam à humanidade. Referindo-se ao aspecto histórico neste campo de existência, o hierofante diz: "As coisas antigas já passaram; eis que tudo se fez novo!"

Já passaram, em nós, as coisas antigas? Tudo já se fez novo em nós? As coisas antigas apenas passarão quanto tudo efetivamente se fizer novo. Por isso, embora o chamado da nova aliança soe poderosamente, a maioria da humanidade ainda permanece ligada ao período do Velho Testamento. Com outras palavras, os hierofantes da antiga dispensação ainda se encontram ocupados, com todas as suas forças, em conduzir o homem através do mar vermelho da natureza sanguínea até o mar morto dos critérios culturais.

Queremos dizer com isso que também na Escola Espiritual se fazem repetidas tentativas a fim de elevar a consciência a uma compreensão positiva e absoluta. Quem tiver alcançado essa compreensão absoluta será envolvido nos braços da eternidade em uma nova aliança que é Espírito e, consequentemente, amor.

Semelhante ser humano permanece em unidade, liberdade e amor! Ela nunca dirá: "Adeus, agora já posso seguir só!", porém permanecerá com todos os seus irmãos e irmãs no grande campo do serviço.

No deserto? Naturalmente! Em meio a horrores? Naturalmente! Em um mundo que não é o seu? Naturalmente! Sim, no campo de manifestação do microcosmo nasceu o amor divino, e ele não abandona a obra das mãos de Deus e segue com os peregrinos em seus caminhos tortuosos até o último passo. É o amor que ultrapassa todo o entendimento e faz esse ser humano, renascido para a unidade do Espírito e a liberdade dos filhos de Deus, descer aos antros tenebrosos com profunda felicidade.

Quando chegamos a compreender isso, participamos de uma alegria quase perfeita, pois a cada instante sentimos que não fomos abandonados, que nossa vida é guiada e nossas mais grosseiras faltas não nos são imputadas. Compreendemos então o cântico do Salmista: "Grande é o Senhor! [...] Não nos trata segundo nossos pecados".[18]

Grandes e poderosas são as hostes da luz. A Fraternidade tudo faz a fim de auxiliar um ser humano. Como o Senhor, ela também desce ao reino dos mortos a fim de elevar-nos à luz. Os grandes períodos da humanidade sucedem-se ininterruptamente como dias e noites cósmicas. E bem sabeis disso!

Sempre que um desses dias termina, assim como sucede com o período atual, ressoam as vozes: "Levantai-vos! Saiamos daqui! *Hora est!* A hora chegou!" Quem compreender, saia! – com consciência plena.

Quem não compreender, fique! Acorrentado à grande roda cósmica, ele irá ao encontro de um novo período dialético da humanidade! E lá também encontrará a Fraternidade recomeçando seu trabalho de chamar e salvar. Contudo, compreendereis que, não obstante haver filosoficamente uma separação absoluta entre os que compreendem e os que não compreendem, a Fraternidade não permanecerá indiferente à situação do momento quando soar o chamado: "Aí vem o esposo. Saí-lhe ao encontro!"

Em meio à grande massa dos que não compreendem, há muitos que se encontram como em uma espécie de crepúsculo e que trazem em si reais possibilidades de libertação no período que a

[18]Salmos 48:1 e 103:10.

humanidade atravessa. É essa situação que justifica a existência de uma Escola Espiritual moderna como a nossa.

Embora totalmente voltada ao chamado: "Aí vem o esposo, saí-lhe ao encontro!", a Escola Espiritual também aspira a conduzir todos os que se encontram no estado de consciência crepuscular a um critério cultural tão acentuado que os leve a sentir conscientemente que se encontram à margem de seu Jordão, o rio que deságua no Mar Morto da derrocada dialética.

Atingimos agora, nos últimos tempos, uma nova fase. Quase alcançamos o Mar Morto; encontramo-nos à margem de nosso Jordão. E enquanto ainda soa a voz do último profeta, com seu chamado tronitruante: "Endireitai o caminho do Senhor!", vemos aproximar-se da outra margem do rio o hierofante da nova aliança.

Realiza-se, agora, um milagre formidável e desconcertante. Milagre *tão* grande, magnífico e incomparavelmente pleno de amor que cabeça e coração não podem compreendê-lo.

Quando João, apontando o novo hierofante, diz: "Eis que após mim vem aquele a quem eu não sou digno de desatar as sandálias dos pés", então Jesus, o Senhor, vem a João para ser batizado por ele, e mergulha no Jordão da cabeça aos pés.

Que significa isso? Quando tiverdes alcançado vosso Mar Morto, sabendo plenamente que vos encontrais na palidez da natureza terrena, e experimentardes a confusão geral; quando o eu da natureza tornar-se humilde mediante o autodesmascaramento, então, no momento psicológico, o Senhor de toda a vida virá a nós! Ouvi: a nós!

Psicologicamente correto, o candidato dirá, como João: "Senhor, eu é que preciso ser batizado por ti!" No entanto, não! O amor divino acompanha-nos até o último instante.

O Espírito da nova aliança permanece conosco à margem de nosso Mar Morto, ele está a nosso lado, no local onde alcançamos o nadir mais profundo do desespero; ele mergulha da cabeça aos pés neste campo de existência.

Enquanto aí permanecemos, o inteiro campo de manifestação, envolvido pelo ser aural, é preenchido pelo Espírito. A água da vida, morta, é agitada energicamente. Quando dela o Santo ressuscita, no campo de manifestação se evidencia claramente o princípio orgânico atômico e positivo do novo homem.

Tornam-se então realidade as palavras: "Foi referindo-se a essa alma espiritual que o Espírito da Verdade disse: 'Tu és meu Filho, eu hoje te gerei'."[19] Quando o aluno segue sua jornada do Velho Testamento através do deserto, guiado por seus hierofantes, a vida abjeta presente nele é conduzida a um nadir, a uma desesperança. Ele vai do Mar Vermelho ao Mar Morto; das paixões sanguíneas a um fim processual, um fim no qual a consciência observa e escuta atentamente, em autoconhecimento. Isso é demolir o eu, a passagem da ilusão para a desilusão! Assim, o inteiro campo de manifestação, em que a personalidade existe com sua aura e seus campos magnéticos, é preparado para o grande dia em que a alma espiritual, a consciência espiritual, poderá nascer! Essa consciência espiritual, essa alma espiritual, mantém-se separada e independente da personalidade no campo de manifestação, e aí permanece brilhando como um novo sol.

Essa luz eleva-se no ser como o filho da eterna plenitude. Nesse dia, o aluno sabe "ter-se tornado vivo para o Pai", visto que a nova alma espiritual espontaneamente reconhece com certeza o ser eterno.

"Assim, essa manifestação do eterno Espírito da Verdade chama cada ser humano em quem ele vem à existência. E todos os que se encontram nesse nascimento sabem como ele sucede."

Apenas os renascidos às margens do mar morto de suas paixões sanguíneas sabem o que é e como é o reino de Deus. Portanto, é

[19]Bucke, R.M. *Consciência cósmica.* Curitiba: AMORC, 1996. cap. 20.

indiscutivelmente certo para todos nós o seguinte axioma: "Se alguém não nascer de novo, não pode ver o reino de Deus".[20]

Enquanto permanecemos no período do Velho Testamento, tudo é ainda religião, arte e ciência; assimilação da natureza, provisões na jornada do Mar Vermelho para o Mar Morto. Necessário e inevitável, esse processo, pelo qual todos temos de passar, é guiado pela Escola Espiritual. No entanto, nessa fase toda a realidade e toda a plenitude ainda permanecem fora de nós.

Apenas quando chegar esse dia glorioso e magnífico, às margens de nosso rio Jordão, nas proximidades do Mar Morto de nossa autodemolição, é que as seguintes palavras poderão ser pronunciadas a nosso respeito: "Naquele dia sereis conscientes de que o Espírito Santo veio a vós, e conhecereis que eu estou no Pai, vós em mim, e eu em vós".

"Porque todos os renascidos no Espírito veem face a face, e reconhecem cada irmão e irmã que com eles tenham sido elevados a essa plenitude eterna".

Do Mar Vermelho para o Mar Morto! Do Mar Morto para a eterna magnificência!

[20]João 3:3.

17

Perigos na senda

Assim como a Escola da Rosacruz dirige a atenção repetidas vezes para a senda da salvação, também é necessário, de tempos em tempos, falar sobre os perigos na senda.

Não nos referimos aqui aos empecilhos e problemas criados por nós mesmos, devido a nossa autocentralização e nossa autoconservação, e sim aos perigos reais ao redor e dentro de nosso sistema microcósmico, em virtude de nossa ligação e estreita relação com a ordem de natureza dialética. Somos *desta* natureza e nela vivemos! Cada célula de nosso corpo, cada fibra de nosso ser é constituída de substância desta natureza, e suas forças não abandonam facilmente a presa.

Também existem perigos na senda provenientes não tanto de erros cometidos na vida ou de nossa egocentricidade, mas que se desenvolvem única e exclusivamente devido a nossa ligação estrutural com a natureza terrestre. Não devemos ver esses perigos personificados em demônios, em espíritos ligados à terra, ou em elementais, como faziam os antigos, e sim como consequência direta das leis magnéticas que agem nesta natureza. A esfera terrestre inteira é um campo magnético complicado onde agem diversas tensões, vibrações e radiações. Essas forças, de modo perfeitamente natural, fazem circular todas as formas de vida que se manifestam na terra em uma rotação fechada ou em um curso em espiral.

O aluno chamado pelo campo universal do Espírito é convidado a ingressar na vida humana original. Em consequência disso, tem de passar por várias mudanças transfigurísticas e é atraído, de fato, pelo campo magnético do reino imutável. O campo magnético do Espírito é de caráter completamente diverso da ordem de natureza dialética. Portanto, o aluno se vê diante da tarefa de escapar de um campo magnético ao qual está ligado, por meio de leis, de modo totalmente natural.

É desnecessário argumentar que isso não é fácil. Para escapar à garra das leis do magnetismo terrestre, é necessário um processo radical de automaçonaria, o qual provocará um combate entre o aluno e a garra do campo magnético, uma luta para tornar-se, por assim dizer, inteiramente prisioneiro de outro campo magnético. Esse processo envolve, portanto, certo número de problemas científicos muito peculiares.

Empregamos deliberadamente uma terminologia mais ou menos científica, porque a gloriosa e santa Fraternidade Universal preparou alguns grupos aspirantes à vida universal bem como obreiros mundiais, que possuem algum tipo de autoridade, para um novo despertar e para uma nova mensagem ao mundo. Essa nova mensagem foi preparada e transmitida à humanidade no início da segunda metade do século XX, como último chamado a todos os que ainda podem ouvir. É com profunda gratidão e pensamentos de oração que podemos falar dessas novas atividades da Fraternidade. Por enquanto, apenas as indicaremos; mais tarde, um exame minucioso será feito.

A mensagem da Fraternidade anunciará uma nova fase da grande revolução cósmica e trará nova luz à estrutura do universo, à qualidade da vida universal e à insignificância da vida e dos esforços materiais. Ela colocará o machado à ciência artificial que se denomina teologia.

De um modo que julgaríamos impossível, estabelecerá as bases da doutrina universal da transfiguração, inteiramente a salvo da consciência dialética tríplice.

Após a mensagem ter sido transmitida e estudada a fundo, dependerá apenas de cada um segui-la ou não. Muitos véus e falsas ideias cairão. O trabalho exaustivo e fatigante de explicar-se incessantemente bem como as lutas contra as imitações já não serão necessários. Todos terão de optar sem evasivas pela nova ou pela antiga vida. Não restará alternativa, seja intelectual, mística ou prática.

A mensagem em questão tem igualmente um nome: o aparecimento do Filho do Homem nas nuvens do céu, de quem é dito na Sagrada Escritura que "todo o olho o verá". Esse aparecimento não se refere a um fenômeno atmosférico com a duração de alguns dias ou horas, porém a um processo, a uma declaração grandiosa que a Fraternidade Universal iniciou na segunda metade do século XX.

Todos os nossos condiscípulos são convidados a ir ao encontro do Senhor quando ele aparecer. Esse aparecimento tornou-se um fato, e é sobre ele que, como introdução, desejamos informar-vos.

Um campo magnético é um campo de força gravitacional. A força desse campo não inclui apenas uma forma viva, mas também sua essência, sua vida, sua consciência, suas faculdades sensoriais, sua manifestação da estrutura celular etc., que se originam inteiramente desse campo de força gravitacional e são totalmente *unas* com ele!

Se somos atraídos por determinado campo magnético, assim como somos atraídos pela força gravitacional deste mundo, então, no mais amplo sentido, somos *unos* com esse campo.

Portanto, se outra força magnética adquire poder sobre nós, se nosso "centro de gravidade" se desloca para outro campo de força gravitacional, a consequência não pode ser outra senão uma revolução microcósmica. A ligação do microcosmo com o primeiro campo magnético é desfeita! A forma, a vida, a consciência, as faculdades sensoriais e a manifestação da estrutura celular originadas desse campo magnético desaparecem. Elas se manifestarão em uma vida completamente nova, com inúmeras consequências.

Em suma, desenvolve-se uma transfiguração, um processo de declínio e ascensão, de despedida e de encontro. Já faz muitos anos que vos convidamos para esse processo, e em futuro próximo sereis colocados diante dele de maneira incondicional e inevitável.

Por que? Porque o Filho do Homem apareceu nas nuvens do céu! Caso ainda não tenhais compreendido bem essas palavras, nós as traduziremos para vós. Elas querem dizer que, assim como um microcosmo pode ser apanhado e atraído por outro campo magnético, assim também um macrocosmo, um mundo, poderá ser afetado.

Como sabeis, designamos esse processo de revolução cósmica. Será essa revolução cósmica que nos colocará diante de uma escolha inevitável:

- como manifestação-forma em um campo magnético, participar inteiramente do destino das leis naturais desse campo;
- ou, a tempo e resolutamente, seguir o caminho da transfiguração e ingressar, portanto, em outro campo magnético.

Se escolhermos esse último caminho, deveremos aceitar igualmente a luta para escapar ao magnetismo terrestre. Essa luta exige que o aluno triunfe sobre as resistências científicas. Os antigos personificavam-nas como perigos ou escolhiam figuras simbólicas a fim de designá-las mais facilmente.

Com isso queremos dizer que tanto os problemas do magnetismo terrestre e da força gravitacional como também o que se relaciona à sua solução já eram conhecidos da Doutrina Universal de todos os tempos, em todos os seus aspectos.

A Fraternidade estabeleceu, para certa categoria de buscadores, algumas narrativas imperecíveis sobre esses problemas e sua solução. Queremos indicar duas dessas narrativas, que têm falado fortemente à imaginação de milhares de ocidentais desde a infância. Pensamos aqui no massacre dos inocentes em Belém e na fuga de José e Maria, com o menino Jesus, para o Egito.

Essa história está tão entretecida com nossa fantasia, fazemos dela uma representação tão clara, a arte de todos os séculos representou a fuga para o Egito de tantas maneiras, que dificilmente podemos imaginar que esse acontecimento aponte apenas para atividades magnéticas puramente científicas. Bastante atuais, elas ainda são válidas, todos os dias, para qualquer aluno que realmente aspire a seguir a senda.

Talvez saibais o que se deve compreender da história dos três reis magos vindos do Oriente. No aluno firmemente decidido, os três aspectos da consciência dialética elevam-se e, de um ponto inicial, o ponto da aurora, o Oriente, vão à procura de Cristo, a estrela sagrada. Tão logo encetam viagem, esses "sábios buscadores do Oriente" entram em contato, de modo natural, com Herodes, o soberano da natureza, o rei da terra. Isso quer dizer que entre o campo magnético da natureza comum e a aspiração do aluno se desenvolve um conflito.

Esse conflito é inevitável, pois a natureza e a vida comuns são perfeitas inimigas da outra vida, ou seja, a vida superior do reino imutável. *É impossível um acordo entre elas.*

Em outras palavras: quando o microcosmo do aluno experimenta algo da força magnética do campo universal do Espírito, o novo princípio recém-nascido provocará um conflito imediato no sistema. Ele se manifestará como um sinal de contradição, diz o messiânico Isaías. E o campo magnético natural perturbado, que funciona tanto micro como macrocosmicamente, tentará restabelecer o equilíbrio perturbado. Herodes procurará matar a criança.

Sabemos que uma perturbação magnética na natureza ocasiona tempestades e agitações atmosféricas, terremotos e outros fenômenos semelhantes. O que é válido para o macrocosmo também o é para o microcosmo. O toque do campo magnético de Cristo traz intenso distúrbio em nossa vida devido às leis da natureza. Poderíamos designar esse distúrbio como um adoecimento.

Quando o aluno segue a senda com seriedade, esse distúrbio pode ter como consequência um ataque contra sua saúde. Estados nervosos e dificuldades corporais podem aparecer. É claro que, como fenômeno colateral de nosso nervosismo, agimos de maneira inoportuna. Em consequência, provocamos conflitos em nossos relacionamentos. Situações extremamente embaraçosas tecem, por assim dizer, uma teia de aranha onde somos apanhados. Assim, o conflito com o campo magnético terrestre transforma-se em completa vitória para Herodes. Nosso novo princípio, nossa criança recém-nascida da renovação é exterminada por ele.

Esse perigo ficará ainda mais claro para vós ao afirmarmos que conflitos com os campos magnéticos terrestres afetam fortemente o sistema endócrino. A alteração desse sistema pode incapacitar nossa atividade ou voltá-la para direções muito indesejáveis. Considerando esse perigo extremamente atual e sempre moderno, a Sagrada Escritura nos adverte. Essa advertência encontra-se na *fuga para o Egito*.

Lemos na Sagrada Escritura que um dos magos do Oriente não dá informações a Herodes e José é avisado em sonho para fugir. Compreendereis que a consciência deve estar alerta para o conflito iminente. De fato, todo aluno é advertido quando um conflito com o campo magnético se aproxima. Nesse caso não lhe é aconselhado lutar, mas, sim, fugir.

Esperamos que compreendais essa advertência. Se lutarmos, perderemos, pois se desenvolverão perigos de tal monta que a derrota será certa. Contudo, se fugirmos para o Egito, estaremos a salvo de todos os perigos resultantes desses distúrbios magnéticos.

A fuga para o Egito indica aqui um estado de neutralidade. A ciência cria instrumentos isolados contra influências magnéticas, revestindo-os de camadas de chumbo ou mediante outros meios por nós desconhecidos. Assim também o aluno pode, diante da aproximação do perigo mencionado, isolar-se contra as influências mencionadas, ao suspender suas atividades em alguns aspectos, observando a máxima prudência e assumindo uma atitude de expectativa.

Trata-se, antes de tudo, de manter a consciência tríplice completamente calma e, cheios de fé, guardar o que recebemos. Se a consciência está ciente do que se passa, mantendo-se calma e equilibrada, sem forçar-se ou enervar-se, o campo magnético terrestre não poderá exercer a mínima influência sobre o sistema endócrino.

Para receber a dádiva divina, a consciência tríplice deve ofertar-se com ouro, incenso e mirra:

o ouro de um coração aberto e fiel;
o incenso de uma esperança vivificadora;
a mirra do cálice amargo e purificador do amor.

Biografia dos autores

J. van Rijckenborgh (1896–1968)

Foi em Haarlem, Holanda, em 1896, numa família de orientação cristã, que nasceu Jan Leene, que adotou mais tarde o nome de J. van Rijckenborgh. Em 1924, com seu irmão Zwier Willem Leene, assentou as primeiras bases para uma verdadeira comunidade espiritual de libertação para a nova era: a *Casa Sancti Spiritus.*

Durante a Segunda Guerra Mundial, de 1940 a 1945, quando a Escola da Rosa-Cruz foi fechada pelas forças de ocupação e seu trabalho foi proibido, ele se aprofundou no *Corpus hermeticum,* nos escritos dos maniqueus e dos gnósticos, e na história dos cátaros. Os diversos ensinamentos desses escritos por ele encontrados levaram-no de volta à linguagem velada e simbólica dos manifestos rosa-cruzes.

Em 1956, no sul da França, com Catharose de Petri, ele encontrou o senhor A. Gadal, o guardião do legado espiritual dos cátaros. Dessa época em diante, a revelação do tesouro espiritual dos cátaros uniu-se à Escola da Rosacruz Áurea.

"O renascimento do homem animal em homem espiritual", que, em sua juventude, ouviu de H. de Hartog, não é, portanto, para J. van Rijckenborgh, nenhuma filosofia, porém uma necessária e pura ação. Esse renascimento até o estado de homem espiritual é trazido por meio de um processo, onde nenhum passo pode ser negligenciado. Portanto, J. van Rijckenborgh mostrou com sua experiência que essa é uma senda que deve ser trilhada pela própria pessoa. Em sua Escola ele, até seu falecimento em 1968, explicou e esclareceu esse caminho a seus alunos, de todas as maneiras possíveis, lançando mão de antiquíssimos textos gnósticos.

Catharose de Petri (1902–1990)

H. Stok-Huyzer, mais tarde conhecida como Catharose de Petri, nasceu em 1902 em Roterdã. Pouco se conhece de seus primeiros anos de vida, pois ela era extremamente discreta e pouco relatava ou compartilhava sobre si mesma, porém, o que se sabe com segurança é que desde muito jovem estava consciente de ter uma missão espiritual em sua vida. Portanto, não é de surpreender que, em 1930, aos 28 anos, ela tenha se dedicado integralmente à sua missão, com o sr. J. van Rijckenborgh, de quem foi a mais importante colaboradora espiritual. Para ela, era evidente que nenhuma igreja cristã podia trazer uma verdadeira renovação religiosa para o autêntico pesquisador espiritual.

Ao lado do sr. J. van Rijckenborgh, ela dedicou toda a sua vida à construção da sétupla Escola Espiritual da Rosacruz Áurea "começando do nada", como dizia. Como parte desse trabalho eles escreveram livros, em conjunto e individualmente. Entre essas obras, em que explicam antigos textos gnósticos para o homem da atualidade, destacam-se as seguintes: *Os segredos da Fraternidade da Rosa-Cruz* (Análise esotérica do testamento espiritual da Ordem da Rosa-Cruz), *A Gnosis original egípcia, A Gnosis chinesa,* e *Os mistérios gnósticos da Pistis Sophia.*

Catharose de Petri era também extremamente ligada à Fraternidade dos cátaros e escreveu alocuções nas quais esclarece o trabalho espiritual dos cátaros e seu legado material e imaterial.

Glossário

Para que o leitor tenha melhor compreensão da terminologia que a Escola Espiritual da Rosacruz Áurea emprega, figuram neste glossário as palavras que no texto foram acompanhadas de um asterisco (*). O número entre colchetes corresponde à página onde o termo foi mencionado pela primeira vez.

Alimentos santos: São determinadas vibrações e emanações da substância primordial que fluem dos sete polos nortes do setenário cósmico a fim de alimentar todas as criaturas divinas. Em seu conjuntos eles formam a atmosfera original. [59]

Alma: No homem original tríplice (Espírito – alma – corpo), a alma transmite ao corpo as sugestões do Espírito. Unicamente a reconstrução dessa alma original, da qual o último vestígio se encontra no coração, no centro do microcosmo, pode permitir seu renascimento. O que o homem normalmente chama de alma nada mais é do que o conjunto de ideias, tendências pessoais e do condicionamento a que foi submetido quando sua individualidade-eu foi formada. Essa alma-eu desvia-se, sem cessar, da ideia libertadora da reconstrução da alma imortal, numa ilusória tentativa de instalar-se de forma duradoura no Além. A alma da tríplice manifestação dialética é natural e necessariamente mortal.

Eis a razão pela qual Cristo é denominado o Salvador das Almas, visto que sem uma alma intermediária absolutamente pura não é possível uma vida mais elevada. [21]

Andreæ, Johann Valentin: O mais representativo dos irmãos da Rosa-Cruz do século XVII. Autor da obra *As núpcias químicas de Cristiano Rosa-Cruz,* que descreve de forma velada todos os aspectos do caminho do candidato na senda da transfiguração. [11]

Arte real: Ver Ciência Universal. [12]

Campo de manifestação: O campo de manifestação, também chamado de campo de respiração, esfera aural ou corpo de desejo, é o campo de força onde emerge a manifestação tríplice dialética do ser humano. É a área de conexão entre o ser aural e a personalidade da ordem de emergência e está em perfeita concordância com esta em sua ação de atração e repulsão de forças e substâncias para a sua vida e sustentação. Esse campo de força é luminoso e vibrante e possui uma estrutura individual de linhas e centros de força de um movimento dinâmico. Dependendo do estado do campo de respiração (qualidade — vibração — força) todas as forças e substâncias que nele ingressam, provenientes do exterior, são aceitas ou repelidas, retardadas ou intensificadas em sua atividade, admitidas no sistema ou rejeitadas por ele. O campo de manifestação faz parte do sistema tríplice dialético do homem: é uno com ele, em sua essência. [68]

Carma: Lei de ação e reação, de causa e efeito, que ensina "colherás o que semeaste". Resultado das ações boas e más das vidas passadas e da atual. [29]

Ciência Universal: A Ciência Universal, a Religião Fundamental e a Arte Real são, respectivamente, as esferas de ação de três fraternidades: a da Rosa-Cruz, a dos Cátaros e a do Santo Graal. Juntas elas formam a Tríplice Aliança da Luz, que adquiriu a forma atual na jovem Fraternidade gnóstica, representada pelo Lectorium Rosicrucianum. [148]

Consciência: A consciência ou consciência-eu biológica é o centro da consciência natural comum do tríplice sistema dialético do homem, delimitado pelo campo de manifestação. É preciso, porém, não confundir a consciência-eu biológica com o aspecto espiritual superior humano, embora este esteja sujeitado pela primeira. [18]

Contranatureza: Nosso campo dialético de existência, onde a humanidade decaída, que está apartada de Deus, do Espírito, vive presentemente. Essa vida fora da ordem cósmica estabelecida por Deus tem como característica básica a maldade, que o ser humano, em sua teimosia, insiste em combater. Em concordância com a natureza de nossa existência, esse desenvolvimento não divino e contranatural apenas pode, por isso, ser negado, o que na Escritura Sagrada é designado como "reconciliação com Deus". [31]

Cristão Rosa-Cruz: (Christian Rosenkreuz) Indica o protótipo humano que concluiu o retorno para o verdadeiro ser humano imortal, mediante a senda de transfiguração. As sete fases dessa senda são descritas pormenorizadamente como sete novos dias de criação na obra *As núpcias químicas de Christianus Rosencreutz,* uma explicação muito velada de Valentin Andreæ, um irmão da Rosa-Cruz do séc. XVII que, naquele tempo, morou em Calw (Floresta Negra), Alemanha. [7]

Dialética: Nosso atual campo de vida, onde tudo se manifesta em pares de opostos. Dia e noite, luz e trevas, alegria e tristeza, juventude e velhice, bem e mal, vida e morte etc. são pares inseparáveis. Um sucede o outro de maneira inevitável, e, assim, um comprova o outro. Em virtude dessa lei fundamental, tudo o que existe nesta ordem de natureza está sujeito a contínua mudança e desintegração, ao surgir, brilhar e fenecer. Por isso, nosso campo de existência é um domínio do fim, da dor, da angústia, da destruição, da doença e da morte. Por outro lado, de um ponto de vista superior, a lei da dialética é, ao mesmo tempo, a lei da graça divina. Por meio da destruição e da renovação constantes, essa lei impede a cristalização definitiva do ser humano, ou seja, seu declínio inexorável. Ela sempre lhe oferece uma nova possibilidade de manifestação e, com isso, uma nova chance de reconhecer o objetivo de sua existência e percorrer a senda do retorno mediante a transfiguração, o renascimento da água e do Espírito. [12]

Discernimento: Ver Gnosis Universal Quíntupla. [98]

Doutrina Universal: Não é um ensinamento, uma doutrina, no sentido literal comum, tampouco pode ser encontrada em livros. Em sua essência mais profunda, é a vivente realidade de Deus. Essa Doutrina ou Filosofia Universal é, pois, o conhecimento, a sabedoria e a força que sempre de novo são ofertados ao ser humano pela Fraternidade Universal, a fim de possibilitar à humanidade decaída trilhar o caminho de retorno à casa do Pai. [12]

Efésio: O homem que busca e que, no desejo de realmente elevar e purificar a vida, segue o caminho da bondade neste plano de existência, descobrindo, mais cedo ou mais tarde, que esse caminho tem um ponto culminante, um limite que o homem deste mundo não pode transpor. A Bíblia denomina "efésio" àquele que chegou a essa fronteira. Tal ser humano está diante de uma escolha: libertar-se das limitações da dialética por meio de uma mudança fundamental de sua vida ou permanecer agrilhoado ao giro da roda da vida e da morte, sofrendo a angústia do inevitável declínio segundo a lei da natureza. [76]

Endura: (adj. endurístico) Caminho da demolição do eu, senda da última morte por meio da autoentrega ao Outro, ao homem imortal, o Cristo em nós. É a vereda do homem joanino, "o preparar os caminhos do Senhor, o endireitar as suas veredas". É a concretização do aforismo: "É necessário que ele" — o Outro celeste — "cresça e eu diminua"; eu devo declinar para que o Outro celeste possa viver em mim. A endura é o caminho clássico de todos os tempos. Nesse caminho, o homem decaído, mediante uma transformação completa de sua vida, pode tomar consciência de sua natureza verdadeira e imortal e retornar ao lar do Pai. O caminho do homem no mundo da dialética é uma vida para morrer. A endura é uma morte voluntária para viver: "Quem perder a sua vida por amor de mim achá-la-á". [23]

Éons: 1. Enormes períodos de tempo. 2. Grupo dirigente hierárquico do espaço e tempo, às vezes indicado como *æons* ou *archontes.* Monstruosa formação de potestades da natureza, antidivinas, criadas pela humanidade decaída no decorrer dos tempos, em consequência de sua vida contrária a Deus, ou seja, por meio de seu pensar, querer e desejar, pois todos os seus impulsos, inclusive os pretensos bons, os criam e alimentam. Essas potestades manipulam abusivamente todas as forças naturais da dialética e da humanidade terrena, impulsionando-as a uma atividade ímpia em prol do próprio e tenebroso objetivo desse grupo: a automanutenção. Esse agrupamento hierárquico conseguiu livrar-se da roda da dialética, às custas, porém, de terrível sofrimento humano. Essa "libertação" apenas pode ser mantida, por meio de incalculável egoísmo, enquanto a humanidade, apesar de ser sua criadora, permanecer como sua presa e acorrentada à roda do nascimento e da morte, assim aumentando e conservando a dor neste mundo.

Essas potestades, em seu conjunto, são às vezes denominadas hierarquia dialética ou "príncipe deste mundo". [66]

Escola Espiritual: Escola de Mistérios dos Hierofantes de Cristo. (ver Fraternidade Universal). [7]

Esfera aural: Ver Campo de manifestação. [30]

Esfera material/esfera refletora: As duas metades que compõem o campo de existência da ordem de natureza dialética. A esfera material é o domínio em que vivemos quando em nosso corpo material. A esfera refletora é a região onde se desenvolve, entre outras coisas, o processo de morte e reencarnação. Abrange, além das esferas do Inferno e do Purgatório (a esfera da purificação), também a que é chamada "céu" e "vida eterna" na religião natural e no ocultismo. Essas esferas celestes, a existência nessas esferas bem como na esfera material, estão sujeitas a um fim, à temporalidade. Portanto, a esfera refletora é a morada transitória dos mortos, o que não quer dizer que a personalidade quádrupla do falecido venha a nascer de novo, pois ela não subsiste. Somente o núcleo mais profundo da consciência, o raio espiritual ou centelha dialética, é temporariamente recolhido no ser aural, formando a base da consciência de nova personalidade terrena, que é construída pelo ser aural em colaboração com as forças ativas na gestante. [28/121]

Espírito central humano: É o núcleo da consciência original, o Espírito nuclear, o verdadeiro homem imortal. Após a queda do homem, e seu banimento para o campo de vida dialético, onde ele habita atualmente, a personalidade celeste foi esvaziada, e o núcleo do Espírito central perdeu assim sua possibilidade de manifestação. Ele foi depois ligado à personalidade terrestre, mortal, que escapou a seu controle e direção. Suportando sofrimentos infinitos, ele está impotente e é obrigado a suportar a consciência biológica, a consciência-eu mortal voltada para as trevas, que age como se fosse senhora do sistema, em automanifestação cega e ímpia. A salvação em Cristo faz cessar esse domínio ímpio do eu mediante a oblação voluntária do homem-eu. A força da graça do Cristo universal, despertando para a vida a personalidade original, restitui ao homem verdadeiro, o homem-espírito, a possibilidade de voltar a manifestar-se em conformidade com o plano de Deus. [158]

Espírito Santo Sétuplo: O terceiro aspecto da Divindade, que se manifesta de forma tríplice. Ele é o amor oniabarcante do Pai, explicado pelo Filho, que dimana para toda a humanidade decaída em poderoso campo de irradiação sétuplo, para salvar o que está perdido. Sob a direção e o auxílio dessa força sétupla universal que se manifesta na Fraternidade Universal, torna-se possível concluir o processo de transfiguração. Nesse poderoso processo, o Espírito Santo Sétuplo encontra novamente morada no candidato: as núpcias alquímicas de Cristão Rosa-Cruz são a unificação da alma imortal com esse Espírito Sétuplo. [10]

Éteres: Do Setenário Original, a terra sétupla original, emanam sete forças das quais o homem primordial vive. Nosso sistema vital apenas subsiste nesta ordem de socorro com quatro aspectos bastante degradados dessas sete forças: o éter químico, que assegura a vida e o desenvolvimento do corpo físico; o éter vital, que tem ligação com as forças de reprodução; o éter luminoso, que se relaciona com os sentimentos; o éter refletor, que se relaciona com os pensamentos. Essas quatro forças dialéticas, esses quatro alimentos, apenas possuem uma relação longínqua com as quatro forças originais, os quatro alimentos santos. Contudo, eles provêm da mesma fonte, do coração do Setenário Cósmico, porém correspondem a radiações bem diferentes das do coração da substância primordial. O processo da transfiguração visa a confrontar a personalidade com esses alimentos santos, a substituir os éteres dialéticos pelos éteres originais, a fim de tornar o sistema vital, reorientado pela rosa sétupla para o Reino original, apto a receber os três éteres superiores, que possibilitarão a reconstituição total do microcosmo. Uma escola espiritual gnóstica corresponde – entre outras coisas por sua relação com o novo campo de vida – a uma forja de concentração desses éteres superiores, sem os quais a verdadeira Alquimia não é possível. [57]

Firmamento: O firmamento (o ser aural ou a lípica) representa a totalidade das forças, valores e ligações resultantes das vidas de diversas personalidades no campo de manifestação. Todas essas forças, valores e ligações formam juntos as luzes, os astros em nosso firmamento microcósmico. Essas luzes são focos magnéticos que, de acordo com sua espécie, determinam a qualidade do campo espiritual magnético, isto é, a natureza das forças e dos materiais que são atraídos da atmosfera e assimilados pelo sistema microcósmico, portanto, também pela personalidade. A natureza de nossa personalidade é determinada por essas luzes. Assim sendo, uma mudança essencial da personalidade tem de ser pre-cedida por uma mudança essencial do firmamento das luzes. Isso somente é possível pelo autossacrifício do ser-eu, pela demolição ou autorrendição completa do eu. [19]

Fogo serpentino: É a energia criadora da consciência biológica que circula pelo sistema cerebrospinal e, por meio dele e do sistema nervoso, controla a completa manifestação dialética. [62]

Fraternidade Universal: Hierarquia do divino reino imutável que constitui o corpo universal do Senhor. É conhecida como: Igreja Invisível de Cristo, Hierarquia de Cristo, Corrente gnóstica universal, Gnosis. Em sua atuação em prol da humanidade decaída ela é a Fraternidade de Shamballa, a Escola de Mistérios dos Hierofantes de Cristo ou Escola Espiritual dos Hierofantes, configurando-se na jovem Fraternidade gnóstica. [9]

Gnosis: a) O alento de Deus; Deus, o Logos, o Verbo, a Fonte de Todas as Coisas, manifestando-se como espírito, amor, luz, força e sabedoria universais; b) A Fraternidade Universal como portadora e manifestação do campo de radiação de Cristo; c) o conhecimento vivo que está em Deus e que se torna parte dos que, mediante o renascimento da alma, entraram no nascimento da luz de Deus, isto é, no estado de consciência de Pimandro. [22]

Gnosis Universal Quíntupla: Designação conjunta das cinco fases de desenvolvimento pelas quais o caminho para a vida se revela no aluno: 1) discernimento libertador; 2) desejo de salvação; 3) autorrendição; 4) nova atitude de vida; 5) ressurreição no novo campo de vida. [150]

Hierarquia de Cristo: Ver Fraternidade Universal. [103]

Hierarquia dialética: Ver Éons (2). [103]

Hierofante: Ver Fraternidade Universal. [9]

Logos: O Verbo criador, a Fonte de Todas as Coisas. [103]

Macrocosmo: O macromundo, o universo. [51]

Microcosmo: O ser humano como *minutus mundus,* pequeno mundo, constitui um sistema de vida de forma esférica. Nele, do centro para a periferia, podemos distinguir: a personalidade, o ser aural e um campo espiritual magnético sétuplo. O verdadeiro homem é um microcosmo. O que neste mundo se denomina "homem" é apenas a personalidade de um microcosmo degenerado.

Nossa consciência atual é uma consciência da personalidade e, por conseguinte, apenas percebe o campo de existência a que pertence. O *firmamento* ou *ser aural* representa a totalidade de forças, valores e ligações resultantes das vidas das diversas manifestações de personalidades no campo de manifestação do microcosmo. Todas essas forças, valores e ligações formam, em conjunto, as luzes, as constelações do firmamento microcósmico. Essas luzes são focos magnéticos que, em concordância com sua natureza, determinam a natureza das forças e das substâncias que são atraídas da atmosfera e assimiladas pelo sistema microcósmico e, portanto, também pela personalidade. Consequentemente, assim como é a natureza dessas luzes, assim é a personalidade! Para mudar a natureza da personalidade é necessário antes mudar a natureza do firmamento aural, o que apenas é possível pela oblação do ser-eu, pela total demolição do eu. O *campo de manifestação* (ou *campo de respiração*) é o campo de força imediato no interior do qual é possibilitada a vida da personalidade. Ele é o campo de ligação entre o ser aural e a personalidade. Em seu trabalho de atração e repulsão das forças e das substâncias em benefício da vida e da conservação da personalidade, ele é inteiramente *uno* com esta última. [42]

Natureza da morte: Vida, verdadeira vida, é existência eterna. Todavia, em nosso atual campo de existência domina a lei da mudança e destruição contínuas. Tudo o que vem à existência já esta, desde o primeiro instante de vida, no caminho para a morte. Por isso, o que denominamos "nossa vida" é apenas uma existência aparente, uma existência na grande ilusão. É idiotice e não faz sentido agarrar-se a ela como o faz quase toda a humanidade. A dor do rompimento que experimentamos tão profundamente, e contra a qual nos defendemos inutilmente, deve servir para que compreendamos o mais rápido possível que esta dialética, esta natureza da morte, não é o campo de vida determinado para o homem, porém a natureza da vida, o campo de vida original adâmico, descrito na Bíblia como o reino dos céus. O impulso inextinguível em cada ser humano para a graça perpétua, a paz imorredoura, o amor imperecível e seu anseio por vida eterna provêm do núcleo de vida em repouso nele, o princípio primordial do verdadeiro homem imortal. Desse átomo original ou átomo de Cristo, desse reino oculto, "o reino de Deus dentro de nós", ressuscitará, por meio da total transformação de vida na Gnosis, esse verdadeiro homem imortal, que poderá retornar à natureza da vida, à casa do Pai. [124]

Pineal: (ou epífise) Quando, com a força cundalini, que reage somente ao impulso da verdadeira luz espiritual, a glândula pineal é inflamada pela luz da Gnosis, via átomo-centelha-do-espírito, glândula timo e hormônio de Cristo, então o conjunto passa a constituir o trono do raio de Cristo, da iluminação interior, a porta aberta pela qual a sabedoria de Deus é transmitida diretamente ao homem. [60]

Reino dos céus: A ordem divina, o reino original da humanidade, do qual ela caiu por uma catástrofe cósmica. Tanto o profundo anseio por libertação, ancorado no mais recôndito do ser, como o chamado e a total atividade dos grandes enviados da Corrente Universal de Fraternidades gnósticas que se têm manifestado, estão dirigidos ao retorno a esse verdadeiro campo de vida da humanidade. Contudo, o reino dos céus não deve ser confundido, como muitas pessoas o fazem, com a região do Além, a esfera refletora, onde os mortos permanecem. [124]

Roda do nascimento e da morte: Ou roda da vida e da morte. É o ciclo a que está submetido o microcosmo pela lei da dialética. Ele adota uma personalidade, que tem de decidir, durante sua vida, entre vida e morte. Se não liberta o microcosmo segundo o plano do

Logos, essa personalidade morre para que o microscosmo, depois de esvaziado, tenha nova oportunidade de libertação. [22]

Santuários da cabeça e do coração: A cabeça e o coração do homem destinam-se a ser oficinas consagradas para a ação divina no homem que restabeleceu a ligação espiritual, a ligação com seu Pimandro. Em sintonia com essa determinação superior, a cabeça e o coração, após completa e fundamental purificação levada a efeito na senda da endura, unificam-se e tornam-se um verdadeiro santuário a serviço de Deus e de seu desvelo com o mundo e a humanidade. Tornar-se consciente disso é um estímulo e uma advertência para que se purifique toda a vida mental, volitiva, emotiva e ativa de tudo o que se opõe a essa vocação superior. [57]

Ser aural: O conjunto das forças, valores e restrições como resultado da vida das diferentes manifestações da personalidade no campo de manifestação, os quais formam as luzes, as estrelas do firmamento microcósmico. Essas luzes são focos magnéticos e determinam a natureza do campo magnético espiritual, portanto determinam a espécie de forças e substâncias que são extraídas da atmosfera e acolhidas pelo sistema microcósmico e também pela personalidade, que corresponde à natureza dessas luzes. Uma transformação do caráter da personalidade deve ser precedida pela transformação da natureza do firmamento, que só é possível pelo sacrifício do eu, a aniquilação total do eu. [68]

Ser espiritual: Ver Espírito central humano. [98]

Sistema de vida: Ver Microcosmo. [31]

Transfiguração: (adj. transfigurístico) O processo evangélico do renascimento da água e do Espírito, o caminho de volta para a pátria perdida, para o outro reino, para a ordem de vida de

Cristo. É um método gnóstico que permite a realização da endura, que é a completa substituição do homem mortal, produto da natureza, pelo homem divino, imortal, original, o verdadeiro homem espiritual, concebido no plano da criação divina. [12]

Livros de autoria de J. van Rijckenborgh

- O advento do novo homem
- Análise esotérica do testamento espiritual da Ordem da Rosa-Cruz
    - Vol. I: O chamado da Fraternidade da Rosa-Cruz
    - Vol. II: Confessio da Fraternidade da Rosa-Cruz
    - Vol. III: As núpcias alquímicas de Christian Rosenkreuz - t.1
    - Vol. IV: As núpcias alquímicas de Christian Rosenkreuz - t.2
- Christianopolis
- A Gnose em sua atual manifestação
- A Gnosis original egípcia - tomos I, II, III e IV
- A luz do mundo
- O mistério da vida e da morte
- O mistério das bem-aventuranças
- O mistério iniciático cristão: Dei Gloria Intacta
- Os mistérios gnósticos da Pistis Sophia
- Não há espaço vazio
- Um novo chamado
- O Nuctemeron de Apolônio de Tiana
- O remédio universal

Livros de autoria de Catharose de Petri

- 24 dezembro 1980
- O Verbo Vivente

Série das Rosas

- Transfiguração · Tomo I
- O selo da renovação · Tomo II
- Sete vozes falam · Tomo III
- A Rosacruz Áurea · Tomo IV

Livros de autoria de J. van Rijckenborgh e Catharose de Petri

- O apocalipse da nova era
  - A veste-de-luz do novo homem · Série Apocalipse, vol. I
  - A Fraternidade Mundial da Rosa-Cruz · Série Apocalipse, vol. II
  - Os sinais poderosos do conselho de Deus · Série Apocalipse, vol. III
  - A senda libertadora da Rosa-Cruz · Série Apocalipse, vol. IV
  - O novo caduceu de Mercúrio · Série Apocalipse, vol. V
- Série Pedra Angular
  - O caminho universal
  - Filosofia elementar da Rosacruz moderna
  - A Fraternidade de Shamballa
  - A Gnosis universal
  - A grande revolução
  - O novo sinal
- A Gnosis chinesa
- Reveille!

Karl von Eckartshausen

- Algumas palavras do mais profundo do ser
- Das forças mágicas da natureza

Mikhail Naimy

- O livro de Mirdad

Antonin Gadal

- No caminho do Santo Graal

Série Cristal

- 1 - Do castigo da alma
- 2 - Os animais dos mistérios
- 3 - O conhecimento que ilumina
- 4 - O livro secreto de João
- 5 - Gnosis, religião interior
- 6 - Rosacruzes, ontem e hoje
- 7 - Jacob Boehme, pensamentos
- 8 - Paracelso, sua filosofia e sua medicina atemporais
- 9 - O Graal e a Rosacruz
- 10 - A rosa e a cabala

Outros títulos

- O evangelho dos doze santos
- Trabalho a serviço da humanidade
- O caminho da Rosacruz no dias atuais

IMPRESSO PELA MARK PRESS A PEDIDO DO
LECTORIUM ROSICRUCIANUM EM JANEIRO DE 2014